70代をとびきり楽しむ!

体とお財布を
いたわりながら
毎日をハッピーに
過ごす
37のアイデア

もののはずみ

はじめに

こんにちは、もののはずみと申します。来春で73歳を迎えるユーチューバーです。

私の動画では、90代の義母、70代の夫、40代の息子と暮らす日常を、家事の様子を中心にご紹介しています。中高年だけの所帯ではありますが、できるだけ健康に気をつけながら、楽しく暮らしています。

チャンネルのテーマのひとつは、〝70代をハッピーに過ごす方法〟（ご満足いただける内容をお届けできているかはさておき……）です。私たちはかつて想像していた70代よりはるかに元気で、心は若い頃とさほど変わりません。

一方で、体とお財布はいたわりたい年頃です。私なりにそのための工夫や挑戦を続けていると、はじめてのコトやモノに出会って、ドキドキしたりワクワクしたりします。暮らしに刺激をもたらしてくれるうえ、ときには自分の可能性を見出すこともあって、未来がちょっと明るくなります。

お手頃な食材で簡単な料理をつくってみたり、どこでも買えるアイテムで家事をラクにしたり、お金のかからない健康法を試してみたり……。この本では、私が実行している大小さまざまの〝やってみたい〟をまとめました。私の失敗や経験を通し、やってよかったことだけをご紹介しています。また、興味をもたれたら、すぐにチャレンジできるよう、実際に使っている商品や具体的なやり方も掲載しました。

70代は、若い頃のようなサプライズはないかもしれません。でも、日々の暮らしにも小さな感動はたくさんあります。身の丈に合った暮らしをし、日常を簡単に楽しみたいと思われる方の参考になればうれしいです。

Contents

Contents

Contents

PART 2

家事の楽しみ

Contents

PART 4

ファッション・美容の楽しみ

Contents

楽しみの見つけ方

「一日1回、外へ出ます。小さな発見が刺激になるから」

毎日16時になると、買い物に出かけます。徒歩圏内にいくつかスーパーがあり、その日の気分や夕食の内容でお店を選びます。スーパーの陳列から季節を感じたり、調味料コーナーで掘り出し物を探したり。小さな発見に心が躍ります。

時間に余裕があるときは、遠回りして散策を楽しみます。外の風にあたり、道行く人や変わりゆく景色を目にすると、気持ちがリフレッシュ。

家にこもっていると、代わり映えしない日常にウツウツとしてしまうことも……。外の世界に触れて情報を更新すれば、新たな気持ちで暮らしに向き合えそうな気がします。

ユーチューブを始めて、気づいたことがあります。家事をだらだらやっていては、時間が足りない……！　毎週の動画アップのために、日々てんてこまいです。締め切りがあれば、人は頑張れるものですね。家事も〝朝の10時までに終わらせる〟と決めています。

　家族で暮らしていると、いつなんどき、家の用事が飛び込んでくるかわかりません。朝の3時間で家事がすむよう、便利グッズを駆使し、DIYで家を修繕し、家事の効率化を進めています。

　そうして生まれた時間で、模様替えやガーデニングなど、好きなことをして楽しんでいます。

「家事は
集中してすませ、
楽しみの時間を
生み出します」

楽しみの見つけ方

「手や指を動かすと、夢中になって時間を忘れます」

のんびり暮らしたいとは思いますが、何もせずにじっとしているのはイヤ。余計なことを考えてしまいそうで、精神衛生上よくありません。

私の場合、手を動かすと無心になれるので、毎日何かしらの手作業を行っています。野菜をタタタッと刻んだり、シンクをゴシゴシと磨いたり、プランターの草を引っこ抜いたり。手の指を動かすと脳の血流がよくなり、物忘れの予防にいいと聞いたことがあります。

簡単なDIYやアートの作品づくりなども、熱中できて楽しい！　暮らしの改善や愛でる楽しみにもなって、一石二鳥です。

「ルールや評価を気にしないと、自己流の楽しさが見つかります」

わが家はイベントごとが好きで、クリスマスや誕生日は盛大に祝います。飾りつけにも工夫を凝らし、毎年考えるのが楽しみに。

行事の飾りつけや部屋のインテリア、手づくりのアートは、やり方を教わっても、いつの間にか自己流になっています。「こうしたほうがいいんじゃない」「こっちのほうが素敵！」という心の声に従っているうちにどんどん楽しくなり、自分の世界に没入。完成後の達成感はひとしおです。

間違っても、周囲に「どう？」なんて意見を求めません（笑）。ルールや他人の評価より、自分の満足度を大事にしています。

楽しみの見つけ方

「問題解決ですっきり。気になる“モヤモヤ”をやっつけます」

やりたいことが見つからなかったり、同じことの繰り返しで飽きてしまったり……。少し前までは、私もそんなふうに思っていました。

でもユーチューブの撮影で気づいたのです。家の中にも楽しみが眠っていることを。たとえば写真の調味料の小瓶やチューブは、埋もれて使いづらかったのですが、便利グッズを取りつけたことで劇的に改善（P183）。

日頃から「気になっている」「なんとかしたい」と思っていることをていねいに掘り起こし、自分なりに解決してみる。すると、なんだかすっきりし、暮らしの幅が拡がります。

おばあちゃんの体調や夫婦の老後など、健康や安全面で気にかけることが増えてきました。同居の義父は70代で他界したため、90代のお世話をするのははじめて。

おばあちゃんの食事はいろいろ試すうちに、体調と献立が噛み合うようになり、〝こういうときにはあれ〟という方程式ができてきました。健康管理は、訪問看護の体制づくりを進めることで、医療につなげやすくしています。

また、夫とタンスの中身を共有し、入院などの非常時はお互いにフォローできるように。心配事を一緒に抱えるだけで、気持ちがラクになります。

「備えがあれば、『何かあっても大丈夫』と楽観視できます」

PART 1

食の楽しみ

01

いつもの朝食を
ちょっと変えて、
ささやかな気分転換を

朝食は手軽にすませたいので、だいたい同じものを食べます。トーストにりんごやバナナなどの果物。チーズとヨーグルトも欠かしません。おばあちゃんの骨粗しょう症予防に始めたもので、ずいぶん前からの習慣です。余裕があるときは、卵焼きやキャベツのせん切りをつけます。

そんなお決まりの朝食ですが、先日北欧のインテリアショップ「イケア」に行ったとき、ホットドッグ用のパンを見てピンときました。ふだん冷蔵庫に常備しているせん切りキャベツを使えば、ホットドッグが簡単につくれるかも……!

翌朝早速試してみると、家族に大好評。フライパンにサラダ油を熱し、せん切りキャベツを入れて炒め、塩、こしょうを少々。キャベツは炒めるとしんなりとし、硬いものが苦手なおばあちゃんや夫も噛みやすくなります。ウインナーはゆでて脂を落とし、さっぱりと。ケチャップやマスタードは上にかけると食べにくいので、パンの切り込み部分に塗っておきます。そこに、キャベツとウインナーをはさめば完成。おばあちゃんも1本ペロッとたいらげ、思いのほか楽しい朝食になりました。

また、あるとき粒餡を炊飯器でつくるアイデアをインターネットで見つけ、試しにつくってみたことがありました。わが家は全員あんこ好きなのです。

小豆200gは洗って炊飯器（3〜5合炊き）に入れ、水3カップを加えて標準コースで炊飯。小豆が炊き上がったらざるに上げ、流水でよく洗います。再び炊飯器に入れて水1カップを注ぎ、二度目の炊飯。三温糖150g、塩ひとつまみを加え、全体をよく混ぜれば粒餡の完成です。

そのときは餅米も炊いて、塩少々を加えてすりこぎで軽くつぶし、ひと口サイズのお団子をつくりました。串に刺して粒餡をのせたり、お団子を粒餡で包んでおはぎにしたり。小豆、砂糖、塩だけでつくる素朴なおやつは、なんとなく体によさそうでホッとします。

残った粒餡は翌朝、小倉トーストにすることに。喫茶店のメニューで見かけるアレです。食パンに格子状の切り目を入れ、トースターで2〜3分焼いたら、いったん取り出します。バターを薄く塗り、粒餡、バター1かけをのせ、バターが少し溶けるまでトースターで焼けばでき上がり。

ホットドッグ用のパンや自家製粒餡のおかげで、いつもと違う朝食に。気分が変わって、なんだか楽しい一日が始まる予感がします。

02

おいしくて便利な、優秀食品を見つけておく

「これさえあれば味が決まる!」という食品や調味料があると、つくる時間がないときや味つけがしっくりこないときに助かります。

『おだしがしみたきざみあげ』(相模屋食料)はその代表。味つきで長時間煮込まなくてもおいしく仕上がります。そのうえベタつかず、手でつかんで放り込める手軽さといったら!

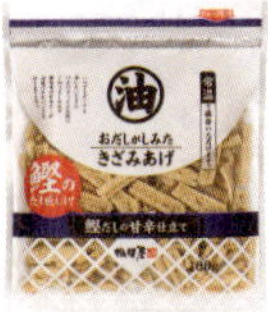

おだしがしみたきざみあげ 100g ¥192(参考価格)/相模屋食料

私がよくつくるのは、白菜の煮物。鍋に『おだしがしみたきざみあげ』とざく切りの白菜、薄切りの玉ねぎ、だしの素、しょうゆ、みりん、酒、砂糖、ひたひたの水を入れて火にかけ、白菜に火が通るまで煮るだけ。白菜1/4株に対し、玉ねぎ半個を使うと甘味が出ておいしいです。ほかには、そばやうどんに入れてきつねにしたり、みそ汁の具にしたり。

今ではすっかり定着した塩麹は、ブームのときにテレビの情報番組で知りました。それまでパサつきが気になって敬遠していた鶏の胸肉に使ってみたら、軟らかくってジューシー！　漬け込んで焼くだけのシンプル料理なのに、適度な塩味がついて十分おいしい。私は鶏の胸肉やもも肉のほか、豚ロース肉に使うことも。マルコメの『プラス糀 生塩糀』はチューブタイプで、スプーンに取る手間が省けて便利です。

ほかに、万能つゆは調味料を合わせずにすんでラクです。久原醤油の『あごだしつゆ』は煮物はもちろん、卵焼きに入れるとまるで料亭のような味に。おすすめはきのこたっぷりの炊き込みご飯。きのこの旨味とあいまって本当においしい！　なんにも考えなくても、ごちそうになります。

Item

チューブタイプの塩麹

プラス糀 生塩糀 200g¥268（参考価格）／マルコメ

肉に直接、絞り出せばいいのでお手軽。鶏もも肉1枚（約300g）は食べやすい大きさに切り、ポリ袋に入れて塩麹小さじ4を加え、手でもんで味をなじませます。冷蔵庫で約1時間寝かせ、両面をこんがり焼けば、チキンソテーのでき上がり。

配合いらずの万能つゆ

あごだしつゆ 500㎖ ¥594／久原醤油

旨味、塩味、甘味のバランスが絶妙で、味が一発で決まります。炊き込みご飯は、油揚げ1/2枚を短冊切り、生しいたけ4個を薄切り、しめじ、舞茸各1パック（100g）を小房に分けます。炊飯器に米2合と水を目盛りまで注ぎ、『あごだしつゆ』大さじ3、きのこ、油揚げを入れて混ぜ、炊きます。

03

カレーのキット、
燻製の缶詰etc.
珍しい食品で飽きない工夫

昨年、スーパーで珍しいものを見つけました。スパイスカレーのキット『S&B CRAFT STYLE ケララカレー』（エスビー食品）です。大人暮らしでカレーをつくる機会が減ったので、久しぶりに食べてみたくなりました。キットはスパイスつきで、手順に沿って入れるだけで本格インドカレーができ上がります。ナンの素『カレープラス ナン用ミックス』（エスビー食品）も買い求め、お店風に挑戦！

サラダもアジア風にしてみようか……？　和風や中華風ばかりでちょっと飽きていたのです。きゅうりを切って『SPICE & HERB シーズニング きゅうりのソムタム』（エスビー食品）と和えてみたら、新鮮な味わいでした。

右上から時計まわりに　カレープラス ナン用ミックス 200g ¥321／エスビー食品　穂先メンマ やわらぎ 115g ¥358（オンライン価格）、さあさあ生七味とうがらし 山椒はピリリ結構なお味 55g ¥438（オンライン価格）／桃屋　いわしオイル漬 燻製風味 90g（固形量60g）¥180（オンライン価格）／極洋　SPICE&HERBシーズニング きゅうりのソムタム 11g ¥135、S&B CRAFT STYLE ケララカレー 90.5g ¥537／エスビー食品

スーパーの調味料売り場はワクワクしますね。各国料理用や輸入品がそろっていて、目新しいものがたくさん。好みの味に出会うとうれしいし、料理のレパートリーが拡がって、マンネリ防止にもつながっています。

お気に入りは本日のお買い得品を集めたコーナーで、そこで発見したのが極洋の『いわしオイル漬 燻製風味』。そのままおつまみとして食べても、大葉や紫玉ねぎとマリネにしても、さっぱりしておいしいです。

知人に教えてもらったのは桃屋の『さあさあ生七味とうがらし 山椒はピリリ結構なお味』と『穂先メンマ やわらぎ』。生七味は酢としょうゆでたれをつくり、なすを揚げ浸しにすると絶品！ メンマは牛肉と炊き込みご飯に。お肉をたくさん食べられるので、おばあちゃんも喜びそうです。

Item

『さあさあ生七味とうがらし 山椒はピリリ結構なお味』（桃屋）で揚げなすの南蛮漬け

7種の薬味が入ったしっとりタイプで、辛すぎないのが◎。なす3本は縦半分に切り、斜め格子状に切り目を入れ、縦半分にカット。深さ約1cmの油で揚げ焼きにしてたれ（『さあさあ生七味とうがらし 山椒はピリリ結構なお味』大さじ1、すし酢大さじ3、濃口しょうゆ大さじ1）に浸し、青ねぎ（小口切り）を散らします。

『いわしオイル漬 燻製風味』（極洋）でさっぱりおつまみ

スモークオイルの香ばしさが、フレッシュな野菜と合います。きゅうり½本、パプリカ（赤）⅓個、セロリ7〜8cmはみじん切りにしてボウルに入れ、缶汁、塩、こしょうを加えて混ぜます。器にスプラウト⅓パック、いわしの順に盛り、上から野菜をかければでき上がり。好みでにんにくのスライスを散らしても。

04

スーパーの総菜をアレンジし、背徳感ゼロのおかずに

夏の暑さがこたえて、台所に立つのがしんどい日があります。火を使う料理はできるだけ避けたいし、一からおかずを考えるのも面倒くさい。そんなとき、スーパーの総菜を重宝しています。

小さなパックや袋入りの食べきりサイズなので、はじめてでもチャレンジしやすいのがいいですね。具材をプラスしたり、味つけを変えたりして、わが家流にアレンジします。そのまま食べてもいいのですが、ちょっと手を加えることで、なんとなく罪悪感が薄れる気がします。

たとえばナムルは、大豆もやし、大根、小松菜、ぜんまい、きくらげなど野菜の種類が豊富。豆腐、ごま、みそでつくった和え衣で和えると、栄養たっぷりの白和えになります。

また、きんぴらごぼうは、卵液にチーズと混ぜて卵焼きに。食べごたえ十分、コクのある洋風卵焼きがあっという間にでき上がります。きんぴらが喉につかえるようなら、ザクザク切っておくとよいです。ケーキのように放射線状にカットして盛りつけると、いつもと違う雰囲気に。

グリーンサラダが物足りないな、というときは、ひじきの煮物を使います。味つけが濃いめなので、ベビーリーフや水菜など、フレッシュな野菜を合わせるとちょうどよく、野菜をモリモリ食べられます。カサ増しにもなって都合よし。

ほかにも、一からつくると案外手間のかかるポテトサラダをよく買います。きゅうりをスライスして塩でもんで混ぜるだけ。シャキシャキと歯ごたえがよく、鮮やかなグリーンは食欲をそそります。

ひじきと水菜のサラダ

ボウルにひじきの煮物85g、ベビーリーフ⅓袋(10g)を入れ、ごま油小さじ½、塩少々を加えてざっくりと混ぜます。

ナムルの白和え

ナムル125gは汁けをしぼり、豆腐200gは水けをしっかりきってから、すり鉢であたります。すりごま大さじ1、ごま油、白みそ(またはみそ)各小さじ1、薄口しょうゆ小さじ½、砂糖ひとつまみを入れて混ぜ、ナムルを和えます。

きんぴらごぼうの洋風卵焼き

卵液(3個分)に、きんぴらごぼう85g、とろけるチーズ30gを入れて混ぜます。サラダ油を熱したフライパンに流し入れてフタをし、裏返して両面を焼きます。放射線状にカットし、皿に盛ればでき上がり。

05

おかずをひと皿に盛り合わせて、憧れのカフェご飯を！

たまにカフェやレストランに行くと、盛りつけの美しさに見とれてしまいます。とくに一枚のお皿に前菜やメインを盛りつけるワンプレートご飯は、私の憧れ。ふだんはひと皿に一品ずつ盛ることが多いので、見るたびに「家でもやってみたい！」とウズウズしていたのです。

早速、記憶を頼りにワンプレートご飯に挑戦します。まず、料理を盛りつけるお皿は、大きめでフラットなものを用意します。直径は25cm程度。リム（縁）があれば額縁効果が出て、料理が映える気がします。

次に、料理を考えます。冷蔵庫にゆでたじゃがいもやせん切りのキャベツを常備しているので、それらを使ってポテトサラダとコールスローをつくります。メインはサラダと相性のいい鶏ハムに決めました。鶏ハムはサラダチキンブームのときに二女から教わり、たまにつくっていたのです。

飾りになるベビーリーフやミニトマトも用意します。

すべてのおかずがそろったら、いよいよ盛りつけです。おかずはお皿の縁に沿ってぐるりと配置します。1種類ずつ、小さくまとめるとかわいらしさが出るような気がします。空いた真ん中にはベビーリーフをこんもりと高く。これでバランスがよくなりました。

また、タンドリーチキンのワンプレートご飯をつくったときは、四角いお皿に盛りつけました。汁けのあるものや転がりやすいものは、小さなカップに入れます。ご飯はオムライスの要領で器に入れてカパッと伏せて、ちょっとカフェっぽく。どちらの盛り方も、余白がポイントのようです。

自分なりのワンプレートご飯ができて大満足! 家でカフェ気分が味わえるのは格別です。

鶏ハムのつくり方

Recipe

STEP | 1

下味をつける

鶏もも肉1枚(約300g)はフォークでプツプツと穴を開け、厚みを均一に開いてポリ袋に入れます。鶏がらスープの素、酒各大さじ1、砂糖小さじ1、塩小さじ1/3、こしょう少々を加えてもみ、冷蔵庫で1時間ほど寝かせます。

STEP | 2

ラップで包む

鶏肉は端からくるくると丸め、ラップの中央に置きます。手前のラップをかぶせ、両端を中に折り込みながら包み、さらにもう1枚で覆います。

STEP | 3

湯の中で火を通す

鍋にたっぷりの湯を沸かし、沸騰したら鶏肉を入れます。フタをして火を止め、そのままの状態で1時間ほどおき、余熱で中まで火を通します。鶏肉を取り出し、粗熱がとれたらラップを外し、7〜8㎜厚さに切ります。

Idea 盛りつけアイデア

中央に高さを出す

皿の丸い形状を生かし、主菜、副菜、パンを円形に並べます。鶏ハムを正面に置いたら、少しずつ間隔を空けてコールスロー、ポテトサラダ、ミニトマトを配置。中央にはベビーリーフを山状に盛り、高さを出します。パンは縦半分にカットし、右上へ。

大皿に小鉢をのせる

副菜のキャロットラペ、ひよこ豆のサラダは、小さなカップに盛ります。ガラス器なら一体感が出て、よりおしゃれに見えます。器を後列に配置し、前列には主菜のタンドリーチキンとご飯を。四角い皿は、スペースを区切って考えるとうまくいくようです。

06

「何を盛ろう？」。新しい器に出会うと料理が楽しみに

器が好きで、一時は陶芸教室に通っていたほど。今でも雑貨屋さんや100円ショップに行くと、つい食器売り場をチェックしてしまいます。シンプルでちょっと特徴のある形を見つけると、料理の想像がむくむくと膨らみます。

写真のスレートプレート（粘板岩を板状に切り出したもの）は、100円ショップの200円コーナーで見つけたもの。無骨な質感のいわゆる〝男前〟なお皿は、今まで使ったことがなかったので、ちょっと挑戦してみたくなりました。

まずは、チーズやサラミ、オリーブなどのおつまみ

デザートグラス（約130㎖）直径9×高さ7.2㎝ ¥110／DAISO

スレートプレート（約30㎝×20㎝）厚み0.8㎝ ¥220／DAISO

を盛ってみます。すると、黒色が食材の色味を引き立てるせいか、なんだか格好いい！　ほかにも、カットした果物や買ってきたお寿司を並べるだけで200％増しに見えて、まるでレストランのようなおもてなしを演出できます。スレートプレートは、写真のような長方形や短冊形を選ぶと、盛りつけがサマになりやすいです。

カフェやレストランで、プリンやアイスクリームを盛る脚つきのデザートカップもよく使います。器に高低差があると食卓が立体的になり、なんだかおしゃれに見えます。写真のカップは、ふだん使いにちょうどいい量なのがお気に入り。ヨーグルトやフルーツを盛れば、ちょっとリッチな気分に。いちごや金柑の甘露煮などをちょこっと盛るのにも最適です。見慣れた料理も器を変えるだけで、気分が変わりますよね。

最近では、北欧調のトレイにときめきました！　食卓で映える大きな楕円形、温かみのある美しい木目……。「ロールサンドイッチをたくさん盛って、お昼にみんなでつまむと楽しいかも！」と早速、2種類のロールサンドイッチをつくってみることに。

ひとつはゆで卵とハム、レタス。もうひとつは、あんずジャムとスライスチーズ。食パンに具をのせて、くるくると巻いてラップで包み、両端をねじって留めるだけ。冷蔵庫で少し休ませ、ラップごと斜めにカットすれば完成。ロールサンドイッチは噛んでも中身が飛び出しにくいので、おばあちゃんも食べやすそうです。

器を主役にすると、はじめての料理やおしゃれな盛りつけに挑戦したくなります。新しい発見があって、料理の楽しみが増えます。

07

マンネリには
卓上調理器。家族で
鍋をつつけば大盛り上がり！

焼き肉をしたり、鍋を囲んだり。週末は家族で食事をワイワイ楽しむのがわが家の恒例。カセットこんろなどの卓上調理器は欠かせないアイテムです。

天気のよい日は屋上でカセットこんろを使うこともあり、風で火力を維持できないのが悩みでしたが、写真の『カセットフー〝ビストロの達人Ⅲ〟』（岩谷産業）を見つけたときは感動しました。

カセットフー“ビストロの達人III”
本体サイズ：幅38.7×奥行31.8×高さ18.4㎝ ¥18,150／岩谷産業

風の影響を受けにくい構造で、火力が安定します。鍋の位置が低いつくりで、肘を高く上げずにすむので、料理を取るのがスムーズ。座ったまま鍋の中身が見えるなど、高齢者にやさしい設計です。また、別売りの焼肉プレートは煙が出にくく、重宝しています。

昨年のクリスマスには、パエリアをつくりました。以下はそのときの覚え書きです。

鍋にオリーブオイルを熱してにんにく1かけ（みじん切り）を入れ、ベーコン60g（2cm幅）、玉ねぎ、パプリカ各½個（みじん切り）を炒め、お米2合を加えてさらに炒めます。お米が透き通ったら、サフラン水（サフランひとつまみを400mlの水で戻す）、塩小さじ½を投入。えび8〜9尾、いか1パイ（輪切り）、あさり（90g）を並べ、フタをして弱めの中火で20〜30分加熱。塩とこしょうで調味し、ドライパセリを散らします。

200〜300円の冷凍餃子も、これで焼くと驚くほどおいしい！　ジリジリと焼いてアツアツを頬張ると、ちょっとしたごちそうに。「ほら焼けた！」「あともう少し」など、会話が増えて楽しい食事になります。

08

大人のごっこ遊びは お気楽に。 居酒屋メニューが新鮮!

70代になって心と時間に余裕が生まれ、若い人が当たり前のように経験している楽しみを私もしてみたいと思いました。そのひとつが居酒屋訪問。

いきなりお店に行くのはハードルが高いので、自宅で居酒屋を開こうと考えました。ゴールデンウィークのことです。早速、夫の姉夫婦に電話をかけ、「居酒屋ごっこをするから、遊びに来てください」と誘います。「ご飯を食べに来て」というとごちそうをつくらなきゃと頑張ってしまいますが、居酒屋ごっこはしょせん遊び。気軽に誘えます。

そのときは、キッチンに小さな机を運び込み、お店風のレイアウトにしました。隣に声をかけたり、席を移動したりできる、カジュアルな雰囲気にしたかったのです。ちなみにカウンターは、孫のおもちゃ入れに使っていた箱をＤＩＹしたもの。１００円ショップで買ったビールののぼりや手づくりのお品書きも飾ります。

メニューは、枝豆やお刺身など居酒屋の定番料理。当日は私もゆっくり飲みたいと、前日のうちに牛すじの煮込みとおでんをつくっておきました。小腹がすいたときのために、きゅうりやたくあんの細巻きも用意。

わが家の定番、なすとひき肉のはさみ揚げ（P53）もつくります。揚げ物屋をしていたときの人気商品で、家族全員の好物。バッター液をはさみ口からつけると、衣がはがれずうまくつくれます。たこと紫玉ねぎのマリネ（P52）も、家族のリクエストが多い一品です。

部屋の雰囲気や料理の内容をお店っぽくするだけで、家で居酒屋気分を味わえるなんて！　今ではときどき夫婦でのサシ飲みを楽しんでいます。

Recipe

たこと紫玉ねぎのマリネ

【材料】（3～4人分）

ゆでたこの足…3～4本
紫玉ねぎ…1個
バジルの葉…約15枚

A
オリーブオイル…大さじ2
にんにく（チューブ）…5cm
塩…小さじ½

【つくり方】

1. ゆでたこは小さめのブツ切り、紫玉ねぎはみじん切りにします。バジルの葉は食べやすい大きさにちぎっておきます。
2. 1を保存容器に入れ、Aを加えて混ぜ、冷蔵庫で30分ほど味をなじませれば完成。

なすとひき肉のはさみ揚げ

【材料】(2～3人分)

なす(大)…2本
鶏ひき肉…100g
玉ねぎ(中)…¼個
A ウスターソース…大さじ1
　砂糖…小さじ1
　塩、こしょう…各少々
小麦粉…大さじ1
〈バッター液〉
　卵…1個
　小麦粉、水…各大さじ3
パン粉…適量
キャベツ(せん切り)…適量

【つくり方】

1. なすは縦半分に切り、厚みの半分まで肉だねをはさむ切り込みを入れます。塩水に浸けてアクを抜き、水けを拭き取ります。玉ねぎはみじん切りに。
2. フライパンにサラダ油(分量外)を熱し、鶏ひき肉、玉ねぎを炒め、Aを入れて混ぜます。小麦粉を振り入れ、ひとかたまりになったら火を止めます。
3. なすの切り込みに2を¼量ずつはさみます。
4. バッター液の材料を混ぜ、3をくぐらせてパン粉をつけ、冷蔵庫で約10分寝かせます。
5. 揚げ油(分量外)を中温(170℃)に熱し、4を揚げます。2cm幅の斜め切りにし、皿に盛りキャベツを添えます。

09
好物のアボカド料理で、楽しいひとりちょい飲み

昨年の秋のこと。二女から「日本の上空を通過する国際宇宙ステーションが見えたよ！」と連絡がありました。カレンダーを見るともうすぐ十五夜。これはお月見のチャンス！　と、屋上でひとりちょい飲みを実行することにしました。お酒のお供は大好きなアボカドでつくるおつまみです。

アボカドは私の好物で、タルタルソースをヒントにディップをつくって、いろいろな料理に合わせるようになりました。とくにまぐろのステーキ（P56）は、相性が抜群！　お刺身用の柵を使って、表面をサッと焼いて旨味を閉じ込めます。火は入れすぎず、レアな状態がおすすめ。お酒はロゼワインを選びました。

トルティーヤチップスの買い置きがあったので、なんちゃってメキシコ風も楽しみます（P57）。といっても、卵とウインナーをゆで、アボカド

ディップを添えるだけ。ディップには唐辛子を入れていないので、ウインナーは辛みのあるチョリソーにしました。お酒はカンパリソーダと『ポンジュース』（えひめ飲料）を1対3で割ったカンパリオレンジ。娘たちが大学生だった頃、よく一緒に飲んでいた懐かしいお酒です。

アボカドディップはマフィンにハンバーグとはさんで、ハンバーガーにしてもおいしいです。大人暮らしには縁遠いハンバーグですが、スーパーで生のハンバーグを見つけ、一度食べてみたかったのです。成型済みで焼くだけなので簡単。マフィンにチーズ、レタス、ハンバーグ、トマト、アボカドディップを順に重ねてはさみます。こちらはビールと相性よし。

家族と暮らしていると、知らず知らずのうちにみんなが喜ぶものを優先しがち。たまには自分ファーストで、夜更けのひそかな楽しみを。

Recipe

アボカドディップで酒の肴2品

アボカドディップ

【材料とつくり方】（1～2人分）

1. アボカド1個は縦半分にカットし、包丁の角で種を取って皮をむいたら、フォークでざっくりとつぶします。
2. 玉ねぎ¼個はみじん切りにし、水にさらしてアクを抜きます。
3. ボウルにアボカド、玉ねぎを入れ、マヨネーズ大さじ3、塩、こしょう各適量を加えて混ぜ、レモン汁小さじ½～1を回しかけてひと混ぜします。

まぐろのステーキ アボカド添え

ウインナーと卵のワカモレ&チップス

ウインナー（ロングタイプ）と卵はそれぞれゆでておきます。ゆで卵は横半分にカット。皿に盛り、好みの分量のトルティーヤチップスとアボカドディップを添え、ディップをつけていただきます。

まぐろの柵（刺身用、200g）の両面、側面に塩、こしょう各小さじ½弱をふります。にんにく1かけは薄切り。フライパンにオリーブオイルとにんにくを入れて熱し、香りが立ったらまぐろを入れます。表面に焼き色がついたら裏返して同様に焼き、側面にも焼き色をつけます。7～8㎜幅にカットして器に盛り、にんにくを散らし、アボカドディップを添えます。

10

旬の素材でスイーツづくり。季節限定のお楽しみ

秋に長女からさつまいもが届きました。義父に手伝ってもらいながら、家の畑で育てたそうです。ぷっくりとした形は、いかにもおいしそう！早速、さつまいもを使ったスイーツをつくります。

わが家の定番といえば、スイートポテト（P61）。生クリームの代わりに牛乳を使うので、お店で売っているものより、あっさりめ。砂糖は控えめにし、さつまいもの自然な甘味を生かします。少し手間はかかるのですが、舟形にするのがこだわり。

大学芋（P60）は、インターネットで見つけた油で揚げない方法を試してみました。油を全体にまぶしてトースターで焼いたら、甘辛いみつを絡めて黒ごまをふります。みつはゆるくし、歯の悪いおばあちゃんや夫でも食べやすいようにしました。簡単なのにおいしくって、リピート決定です。

ほかにも、ペースト状にしてアイスクリームを混ぜたモンブランや、豆腐を加えてフライパンで焼くヘルシーなさつまいも餅、裏ごしして粉寒天で冷やし固める芋羊羹などにチャレンジ（ユーチューブ#115でご紹介）。どれも家族に好評で、またつくってみたいと思いました。

冬には二女の嫁ぎ先から、たくさんの金柑をいただきました。豊作の年だったらしく、庭の木にたわわに実ったそう。無農薬と聞いて、皮ごと砂糖と煮て甘露煮に。バレンタインデーには溶かしたチョコレートで甘露煮をコーティングし、夫にプレゼントしました。

旬のフルーツでつくるスイーツは、この時期しか味わえない最高の贅沢！　自然の実りに感謝の気持ちが湧いてきます。

Recipe

揚げない大学芋

【材料】（2～3人分）

さつまいも
…中1本（約200g）
サラダ油…大さじ1
A
砂糖…大さじ2
はちみつ、水
…各大さじ1
サラダ油…大さじ½
薄口しょうゆ
…小さじ1
黒ごま、塩…各適量

【つくり方】

1. さつまいもは皮つきのままひと口大に切り、ボウルに入れます。サラダ油を回しかけ、手で全体に絡めます。
2. トースターのトレイにアルミ箔を敷き、1を重ならないように並べ、強（1000W）で10～15分焼きます。
3. 鍋にAを入れて弱火にかけ、好みのかたさになるまで煮詰め、火を止めます。
4. 2を入れてみつを全体に絡め、皿に盛って黒ごま、塩をふります。

牛乳でつくるスイートポテト

【材料】(9個分)

さつまいも
…大1本(約350g)

A
- バターまたは
マーガリン…30g
- 牛乳…¼カップ
- グラニュー糖
…15g
- 塩…ひとつまみ

卵黄(溶く)…1個分

【つくり方】

1. さつまいもは皮をむいて1cm幅の輪切りにします。水を張ったボウルに5〜6分さらしてざるに上げ、耐熱皿に並べます。
2. ラップをふんわりとかけ、電子レンジ(600W)で約5分加熱し、軟らかくなったらマッシャーでつぶします。Aを加え、ゴムベラでムラなく混ぜます。
3. 2を9等分し、好みの型に入れて形を整えます。
4. 3の表面に刷毛で卵黄を塗り、トースター(1000W)で約10分焼いて取り出します。
5. 再度卵黄を塗ったらトースターで約3分焼き、きつね色になったらでき上がり。

11

イベント料理や
飾りつけは、
頑張りすぎず、自己流で

季節の行事や家族の誕生日は、非日常を演出できる貴重な機会。行事食をアレンジしたり、パーティーメニューにチャレンジしたり。あれこれとアイデアを考えて、準備する時間も楽しいです。

イベント料理はいつもよりちょっと、見栄えを意識します。彩り、ボリューム、盛りつけを工夫し、食卓がパッと華やぐように。大皿料理もひとつは取り入れます。家族から「今日はどうしたの⁉」といわれたら大成功。

そんな日のメインには、鶏のから揚げやチューリップなどの揚げ物をつくります。大皿にドンと盛ればボリューム満点で、油の香ばしさは食欲をそそります。

彩りを添えるサラダやカルパッチョも欠かせません。たこ、帆立、生ハムなどに、トマトやパプリカ、ルッコラなど色のきれいな野菜を組み合わせます。いってみれば、食卓のビジュアル担当。意識しないと、つい茶色の世界になってしまいます。

野菜を肉や皮で巻いた料理もよくつくる一品。アスパラやごぼうの肉巻き、にんじんや大根の生春巻き……。そのまま盛りつけてもいいのですが、時間に余裕があるときはカットして並べます。カラフルな断面がユニークな模様になり、見た目に楽しいです。

ご飯はアスパラやコーンなどを入れた混ぜご飯にし、色合いと食感を楽しみます。でんぶや炒り卵をミルフィーユ状に重ねたカップ寿司（P68）、お刺身をラップで包んだ手毬寿司（P69）もよくつくります。

90代と70代が食事を楽しむためには、食べやすい工夫も不可欠です。P68でご紹介したカップ寿司は、スプーンで簡単に食べられます。また、肉巻きや生春巻きは口に運びやすく、こぼさず食べられておすすめ。ちなみに、節分の恵方巻きは、最近太巻きから細巻きに変えました。細巻き用の型を使うと太さがそろってきれいです（P181）。

雑貨やオブジェの飾りつけも、楽しみのひとつ。ひな祭りやクリスマスシーズンになると100円ショップの店頭に並び始め、見ているだけでワクワクします。手軽なものがたくさん売っていて、選ぶのに迷うほど。

昨年はおしゃれな麻袋を見つけ、もみの木の鉢カバーにしてみました。毎年登場するお気に入りのリースの真ん中には、ネットで見つけた電池式の赤いキャンドルを。安全を確保して、心おきなく楽しみます。

Recipe

ごちそうサラダ

帆立とトマトのカルパッチョ

【材料とつくり方】（3人分）

帆立7〜8個は厚みを2等分に。トマト1個は縦半分にして5〜6㎜厚さ、きゅうり¼本、パプリカ（黄）⅛個はさいの目切り。バジルの葉適量は手でちぎります。皿に帆立、トマトを交互に並べ、きゅうり、パプリカ、バジルの葉を散らします。オリーブオイル、塩、こしょう各適量を回しかけ、冷蔵庫で20分ほど冷やします。

肉巻き

アスパラとにんじんの肉巻き

【材料とつくり方】（8本分）

豚バラ肉4枚、アスパラ4本は長さを半分にカット。にんじん1本は1㎝角の棒状に切り、食べやすい硬さにゆでます。豚肉½枚を広げ、アスパラ、にんじんを⅛量ずつのせて巻きます。サラダ油適量を熱したフライパンで転がしながら焼き、焼き色がついたらたれ（濃口しょうゆ、みりん各大さじ2、砂糖小さじ2）を絡めます。

揚げ物

玄米フレークのザクザクから揚げ

【材料とつくり方】（2〜3人分）

鶏もも肉1枚（約300g）は2㎝角に切り、濃口しょうゆ大さじ1、にんにく、しょうが（すりおろし）各½かけ分をもみ込みます。ボウルに卵1個、片栗粉大さじ5、鶏がらスープの素、サラダ油各小さじ1を混ぜたら鶏肉を入れ、玄米フレーク1カップを加えて衣をつけます。揚げ油を180℃に熱し、1切れずつ落とし、きつね色になるまで揚げます。

混ぜご飯

アスパラとコーンの洋風ご飯

【材料とつくり方】（3〜4人分）

ご飯2合を炊きます。アスパラ3本は5㎜幅、ウインナー3本は縦半分にして5㎜幅に切ります。コーン缶（100g）は缶汁をきっておきます。バター2かけは小さくカット。具材とバターをボウルに入れて塩、粗びき黒こしょう各適量をふり、ざっくりと混ぜます。炊き上がったご飯に入れて混ぜ、フタをして2〜3分蒸らします。

Idea

カップとラップでお祝い寿司

カップ寿司

透明のカップに酢飯や具をミルフィーユ状に詰め、側面の美しさを楽しみます。用意するのは、酢飯、スモークサーモン、大葉（細切り）、きゅうり（斜め薄切り）、卵（炒り卵）、でんぶ。酢飯は半量にでんぶを混ぜておきます。カップにでんぶ入り酢飯、大葉、酢飯、炒り卵を順に重ね、サーモンフラワー（下記参照）ときゅうりを飾ります。

スモークサーモンの直線部分を下にし、端から円錐状に巻きます。サーモンをつまんだまま上部を開き、外側に折り返します。

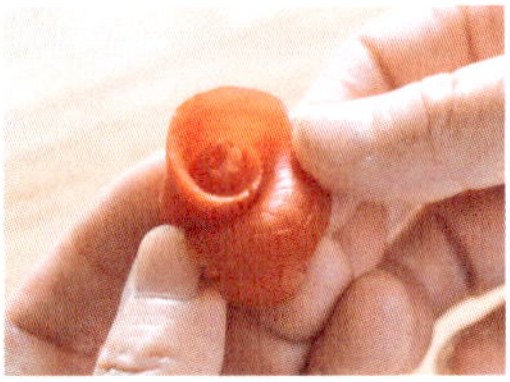

手毬寿司

酢飯と刺身をラップで包んだひと口サイズのお寿司。ご飯にすし酢を入れて混ぜ、酢飯をつくります。ラップの上に酢飯をスプーンでのせて包み、丸く形を整えます。別のラップを広げ、好みの刺身（まぐろ、サーモン、たいなど）を1切れのせ、上に酢飯を重ねてラップでぎゅっと包みます。

ラップに刺身を置く際、表側を下向きにします。酢飯の握りは小さめのほうが食べやすく、格好よく仕上がります。

飾りは100円ショップや手づくり。電池式で安全に

左 LEDキャンドルライト2P
縦3.7×横3.7×高さ4.8cm
¥110／DAISO
右 私物

季節行事の飾りは、100円ショップで買ったり、自作したりします。100円ショップは毎年新作が登場するので、目先が変わって新鮮！ 鬼のお面はハギレを使って想像でつくりました。また、キャンドルはリラックスして食事を楽しめるアイテム。電池式を選び、余計な心配を手放します。

12

おばあちゃんのご飯はケースバイケース。保険があると安心

昨年のおばあちゃんの誕生会は、夏野菜をふんだんに使ったメニューにしました。パプリカやミニトマトのピクルス（P76）、アスパラとコーンの洋風ご飯（P67）。アスパラはスープにも入れ、みそ味のミルクスープにしたところ、「おいしい！」と好評でした。

ミルクスープは、玉ねぎとベーコンを炒めると、甘味と旨味が出ておいしくなります。材料はアスパラ3本（3cm幅）、玉ねぎ½個（薄切り）、ベーコン2枚（2cm幅）、マッシュルーム2個（薄切り）。鶏がらスープの素小さじ1½は湯1カップ、みそ小さじ2は牛乳1½カップで溶いておきます。

鍋にサラダ油を熱し、玉ねぎ、ベーコン、マッシュルームを炒め、鶏がらスープを加えて煮て、玉ねぎが軟らかくなったら牛乳を注ぎます。沸騰する直前にアスパラを加え、火が通ればでき上がり。

おばあちゃんは一昨年、体調を崩して入院しました。退院後もしばらくは食欲が回復せず、何を勧めても箸が進みません。このままでは体が心配……と悩んでいたある日、甘いパンを出すと喜んでくれました。

このとき、無理に「食べて」というのはよくないと学びました。「しっかり食べて」とつい声をかけていたのですが、逆にそれがプレッシャーになっていたよう。食べたくないものは、食べなくてもいいのです。

それからは、「これ、食べたいかな？」とおばあちゃんを喜ばすつもりで、いろいろつくってみることに。赤飯、うどん、とろろ、かき玉汁……。お皿が空になったものは、頭の中にメモ。食欲がないときは、この保険のなかから組み合わせればいい——。そう思えば、少し気がラクになりました。

Idea おばあちゃんの献立例

お肉をしっかり食べたいときは

食欲が徐々に回復し、お肉を食べたくなったときのメニュー。牛肉は食べやすく切って、塩、こしょうでソテーし、ゆでたブロッコリーをつけ合わせます。副菜にはとろろ、汁物にはかき玉汁と、喉ごしのよいものを。ご飯は好物の赤飯。

噛むのがしんどいときは

うどんなど麺類が主役のメニューで、つるりと飲み込めます。身の軟らかいたいやはまち、なめらかなごま豆腐を選び、噛みやすくしました。きゅうりの酢の物は、塩でもんでしんなりさせてから、薄口しょうゆ、酢、砂糖、炒りごま（白）で和えます。

Column

わが家の
人気丼3選

子どもが食べ盛りの頃よく食べたもの、
揚げ物屋時代に余ったカツを利用したもの……。
思い出いっぱいの丼をご紹介します。

牛肉三つ葉丼

【材料とつくり方】(4人分)

牛バラ肉400gはサラダ油少々を熱したフライパンで炒め、色が変わったらたれ(めんつゆ大さじ6、みりん、酒各大さじ1)を加えます。弱火にして煮詰め、たれがほぼなくなったら火を止めます。丼にご飯を盛って七味唐辛子適量をふり、根三つ葉1〜2束(2〜3㎝長さ)、牛肉を各¼量ずつのせ、バター1かけをトッピング。

刺身のっけ丼

【材料とつくり方】(1人分)

温かいご飯にすし酢適量を混ぜて、酢飯をつくります。丼に酢飯を盛り、好みの刺身(まぐろ、たい、サーモン、いか、甘えびなど)を7〜8切れほど放射線状に並べます。中央に大葉1枚をのせ、いくらのしょうゆ漬け大さじ1をこんもりと盛り、わさびを添えます。

カツ丼

【材料とつくり方】(3人分)

ヒレカツ3枚は1枚を3等分にカット。玉ねぎ¼個は薄切り、青ねぎ1本は斜め切り。フライパンに煮汁(水1カップ、だしの素小さじ½、薄口しょうゆ、みりん、酒各大さじ1、砂糖小さじ1)を入れて火にかけ、沸騰したら玉ねぎを煮ます。しんなりしたらカツと青ねぎを加え、溶き卵2個分を回し入れ、フタをして火を通します。丼にご飯を盛り、⅓量ずつのせます。

Column

ユーチューブ人気レシピ

ユーチューブで人気だったのは、素材の持ち味を生かしたシンプルな野菜料理でした。

ひとつは#144の夏野菜のピクルス。大根を加えるとおいしかったので、そちらのつくり方をご紹介します。セロリ、パプリカ、大根は食べやすい大きさに切り、塩をふって水洗いします。カットしたオレンジ、ミニトマトと密閉容器に入れ、調味酢を注いで冷蔵庫で半日漬けます。

もうひとつは、きゅうりの漬物（#151）。漬け汁に漬けて常温で保存し、一日1回上下を返し、これを2〜3日繰り返します。全体が薄い緑色に変わったら完成。漬け汁は、きゅうり6本に対し、酢60cc、砂糖60g、塩30g。

肉料理からも一品。鶏手羽は甘辛煮が一般的ですが、鶏手羽の香り煮（#93）は香辛料を使った中華風。両面をパリッと焼いた鶏手羽中（12本）と長ねぎ（1本）に、たれ（水½カップ、酒大さじ4、濃口しょうゆ大さじ3、砂糖大さじ2、五香粉小さじ2）を煮絡めるだけ。おすすめです。

PART

2

家事の楽しみ

キッチンが使いやすいと、テンポよく動けてストレスフリー

13

朝キッチンに入ると、「さぁ、今日も一日が始まるな」と気合いが入ります。前日のうちにキッチンをリセットしているので、調理にすぐ取りかかれます。片づけから始めるとなると、面倒くさがり屋の私はきっとやる気を削がれてしまうでしょう。

キッチンのリセットは、夕食後に行います。洗った食器を食器棚に戻し、水きりかごやシンクの水けをサッとひと拭き。コンロまわりの油汚れも、スプレー式のセスキとペーパータオルで拭き取ります（P94）。出ているものは片づけ、調理台やテーブルの上には何も置きません。

この家は夫とおばあちゃんが設計したため、キッチンはおばあちゃんサイズです。おばあちゃんは長身で、小柄な私にとってシンクは高く、奥行きも深め。シンクやコンロの壁を拭くときは、手を思いっきり伸ばします。

それでも、L字のキッチンは動きやすく、アイボリーのタイルやレトロ調の取手は、私のお気に入り。毎日の小掃除で、いつまでもきれいに使いたいと考えています。

何事もパパッとすませたいタイプなので、調理や後片づけにはスピードを求めてきました。鍋や調味料の収納は、見つけやすく、取り出しやすく。ロスはできるだけ減らし、体が無意識に動ける配置にしています。揚げ物屋時代は子育て期と重なり、とにかく時間がなかったので、その頃に自然と身についたようです。便利グッズにも助けられ、不具合をこまめに解消するうちに、スムーズに動けるようになりました。

たとえば菜箸やヘラなどの調理ツール一式は、ひとつにまとめています。調理の始めに調理台に置けば、いちいち取り出す必要なし。使用後もワンアクションで戻せてラクチンです。よく使う鍋やフライパンは重ねすぎず、棚に分けて置いているので、片手で取り出せます。

調味料は、調理台上の吊り戸棚（食器乾燥機があった場所）が定位置です。ここから必要なものをピックアップし、調理台に並べて調理スタート。ガラス瓶で中身が見えるので、取り間違いがありません。ときどき使う計量スプーンも手に取りやすい壁面に吊るして収納。味見に役立つうえ、はじめてつくる料理にチャレンジしやすくなります。

朝、昼、夕と一日の多くを過ごすキッチン。ものの取り扱いに悩まず、調理に集中できる環境が整っていると、イメージ通りに動けて、台所仕事が楽しくなります。

Idea

リセットしやすく

菜箸、お玉、木ベラ、フライ返し……。よく使うキッチンツールは、陶芸を習っていたときにつくった白い容器にまとめています。そのつど取り出す手間がいらず、調理がスピーディー。使用後も一度に元の場所に戻せてラクです。

取り出しやすく

鍋やフライパン、ざるは使用頻度で分け、頻度の高いものだけ調理台の下へ。ラックを重ねて、高さを3つに区切り、小分けに収納しています。重ねすぎると取るときに両手が必要なので、片手で引き出せる数をキープ。

モタつきなし

コンロ脇の棚に5連フックをセットし、計量スプーンと鍋つかみを吊り下げ収納。計量スプーンはバラしてひとつずつ引っかけています。使いたいときにサッと取れ、味見や計量のタイミングを逃しません。フックは昔、100円ショップで買ったもの。

わかりやすく

調理台上の調味料収納。透明の容器は中身がひと目でわかり、パッと手に取れてスムーズです。残量もわかりやすく、気づいたときに補充しておけば、調理中に慌てずにすみます。フタを片手で開閉できて便利な酢の空き瓶を活用。

14

“使いにくい”が
整理のサイン。
タイミングを逃さず即行動

家族で暮らしていると、いつの間にかいろんな場所が〝ごちゃごちゃ〟してきます。引き出し、食器棚、冷蔵庫……。空いている場所に突っ込んだり、分類を間違えて入れ戻したり。ものはなるべく定位置を決めて、気をつけているつもりですが、〝ごちゃごちゃ〟は定期的にやってきます。

とくに〝ごちゃごちゃ〟しやすいのは、消耗品のストック置き場です。ただでさえ、パック売りやセール品をまとめ買いし、収納スペースはギチギチ……。とくに食品は、「とりあえず置いておこう」「いつか出番があるかも」と甘くなりがちです。

本当なら〝月1回〟などと決めて、整理するといいのでしょう。でも私の場合は「目当てのものが見つからない」「引っかかって開けにくい」と感じたときが、整理のしどき。そのタイミングを逃さず、即行動に移せるよう、簡単なやり方を実践しています。

たとえば84ページの引き出しには、白いボックスが上下2段、4個分の食品が入っています。

まず、テーブルの上に中身を出します。パッケージの賞味期限を確認し、過ぎたものは避け、まとめてごみ袋へ。残ったものを乾物、粉物、調味料、ルウ・レトルトの4つに分類し、ボックスに戻します。時間にして小一時間。湿気が気になる粉物や乾物は、梅雨前に整理することもあります。

ボックスをひとつずつ整理してもいいのですが、種類がごちゃ混ぜになっている場合があるので、このやり方に。全体の種類や量が把握できて、今後の買い物の参考にもなります。

How-to 食品の整理法

STEP | 1

中身を出す

引き出しに収納した食品のストックをすべてテーブルに出します。

STEP | 2

賞味期限をチェック

食品を手に取り、ひとつずつ賞味期限を確認します。期限切れは処分し、間近のものはすぐ使えるよう、分けておきます。

STEP | 3

種類分け

乾物、粉物、調味料、ルウ・レトルトの4つに分けます。分け方は、探すときやしまうときに、自分がわかりやすければOK。

STEP | 4

入れ戻す

ボックスを4つ用意し、種類別に入れ分けます。食品はなるべく立てて入れ、上から見やすくします。

15

夫と収納地図を合作。場所を共有すれば“もしも”のときに安心

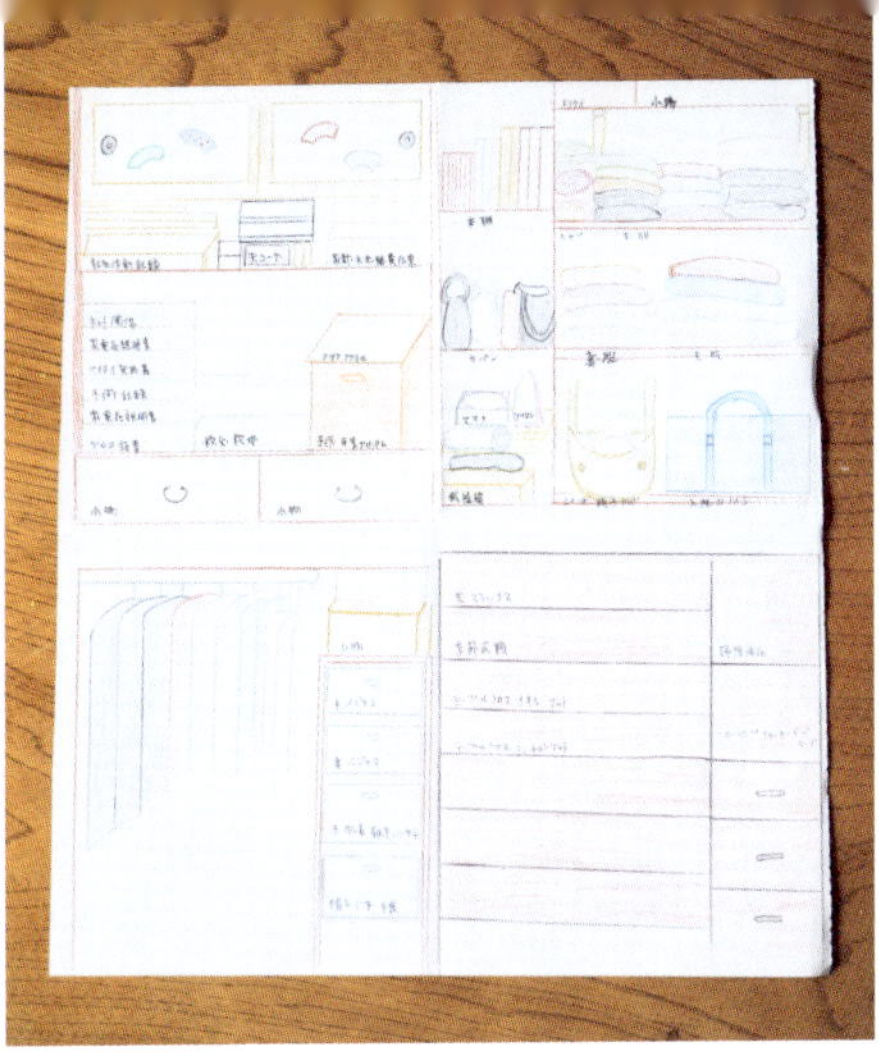

きっかけは、〃もしも〃に備えて、自分の入院セットをつくったことでした。下着やパジャマ、室内履き……。いざとなったら、私は慌てて「あそこにアレがあるから」とアレソレを連発しそう……。そう思ったとき、夫とタンスの中身を共有しておこうと思ったのです。

閃いたのは、タンスをそっくりそのまま絵にするとわかりやすいのでは？　ということ。そう、タンスの収納地図です。写真を撮ってもいいのですが、観察しながら描くことで、記憶に残りやすくなります。幸いタンスの整理は終え、変更があってもわずか。あとから知ったのですが、収納の世界には以前から似た方法があるそうです。

まずは、私がタンスの前に立ち、スケッチブックに下絵を描きます。タンスの棚や仕切りを描いたら、次は服やバッグ、帽子、書類、アルバムなどの中身。色鉛筆で色づけすると、アイテムが判別しやすくなりました。

ここまですんだら、次は夫にバトンタッチです。アイテムの下に、〝夫のスラックス〟〝妻のパジャマ〟など、〝誰の何か〟を書き込んでいきます。マスキングテープも用意し、同様に書いてラベルをつくります。アイテム名が書き終わったら、ふたりでタンスの前に移動。収納地図を見ながら、夫がタンスにラベルを貼ります。

少し前までは、夫は自分のものさえわかればいいかな、と思っていました。でも、入院や災害などの緊急時は、私のものや家のものも知っておいてほしい。備えあれば憂いなしの精神で、夫婦で協力しています。

How-to 収納地図のつくり方

STEP 1

タンス内をスケッチ

タンスの前に立ち、場所別にそっくり写します。棚の位置やものの場所、持ち主がわかるように描くのがポイント。スケッチが終わったら、1枚の紙に全体像を描き、色鉛筆で着色します。

STEP 2

内容物を書き込む

ふたりで確認しながら、収納地図とマスキングテープに、アイテム名や持ち主の名前を書き込みます。マスキングテープはラベル用。

STEP 3

タンスにラベリング

アイテム名を書いたマスキングテープをタンスに貼っていきます。自分で貼ることで覚えが早くなります。

16

きれいになって気分もすっきり！“拭き掃除の日”をつくる

家事のなかでは、料理の次に拭き掃除が好きです。一年に2回くらい、晴れた日になるとスイッチが入り、気がつくと家じゅうをウロウロ。汚れを〝はしご〟しています。じつはユーチューブでご紹介している拭き掃除のシーンはほんの一部で、編集で大幅にカットしています。

ふだんの拭き掃除はフロアモップやハンディモップで簡単にすませますが、〝拭き掃除の日〟は道具を使い分けます。ごみ箱などについたほこりはマイクロファイバー、手垢や油汚れにはセスキとペーパータオル（P94）を使用。

セスキは『凄腕くん　セスキクリーナー』（Can★Do）などスプレー式を選び、ペーパータオルに吹きかけて使います。希釈する手間がいらず、二度拭きもなし。拭き終わったペーパータオルは捨てればOK。お手軽で

す。コンロまわりのタイルをはじめ、キッチンや冷蔵庫のドア、手すり、スイッチ、ドアノブなどを拭いて回ります。ちなみに、ペーパータオルはボックスタイプを愛用しています。

食器棚や冷蔵庫の上など奥まった場所は、持ち手つきの雑巾（P94）を使います。孫の手にウエスを巻いたお手製で、奥から手前にスーッとすべらせるのがコツ。汚れを手前に集め、一気に拭き取ります。汚れたら捨て、新しいウエスと交換。壁面のほこり取りなどにも役立ちます。

拭き掃除で汗を流したあとは、家がピカピカになるのはもちろん心のモヤモヤが晴れ、心地よい疲労感が残ります。私にとって拭き掃除は、大切な心のエクササイズなのかもしれません。

手すり、スイッチ

スプレー洗剤とペーパータオルで気軽に

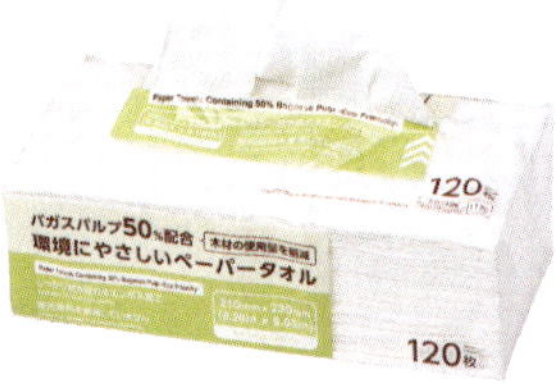

凄腕くん　セスキクリーナー260mℓ ¥110／Can★Do

手垢汚れには、セスキ（アルカリ電解水にセスキ炭酸ソーダを配合）をペーパータオルに含ませて拭きます。水拭きをしなくても、拭き跡が残らないのが◎。ひどい油汚れには、直接吹きかけることも。ペーパータオルは片手で取れるボックスタイプを。

棚の上、壁面

上→下、奥→手前の順番を意識して

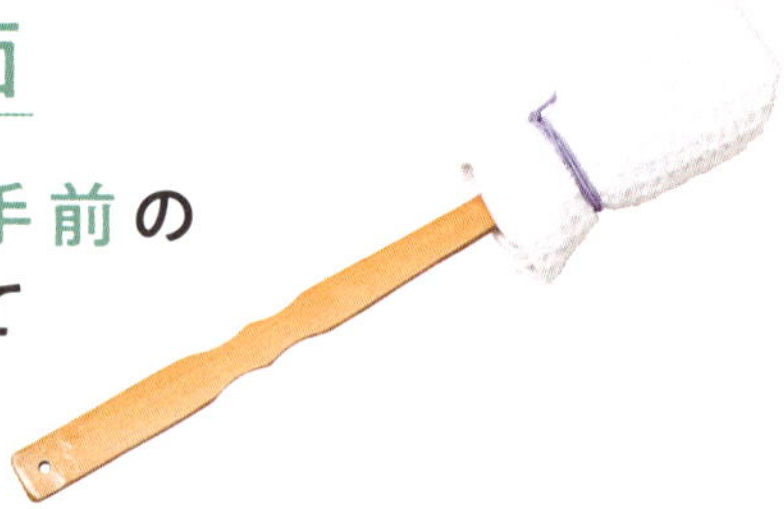

棚や壁の上など、手の届きにくい場所は持ち手つき雑巾の出番です。平面は奥から手前、壁面は上から下に手を動かすのがルール。汚れが効率よく集まるうえ、かき出した汚れを拭き取りやすくなります。ウエスは交換しやすいよう、ゴムで固定。

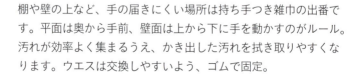

17

衣替えや家電の手入れ。節目家事で、新しい季節を気持ちよく

襖《ふすま》を外すと風がサーッと通ったり、寝具を替えると朝までぐっすり眠れたり……。ささいなことですが、家の空気が変わり、暮らしが快適になります。季節の変わり目に行う家事は、新たな季節を気持ちよく迎えるための儀式のようなものです。

春は、電気ヒーター、ラグ、毛布など、大物のお手入れが待っています。電気ヒーターを家じゅうから回収し、フィルターを水洗いし、本体を拭いて押し入れへ。リビングのラグは粘着クリーナーでほこりを取り、ビニールで覆って収納。冬用布団は干して春秋用に替え、毛布やニットは洗濯機の専用コースで洗います。タンスの服も、春夏用と入れ替え（P98）。

梅雨の湿気対策として、冷蔵庫、電子レンジ、洗濯槽やエアコンのお手入れをするのが5月頃。冷蔵庫や電子レンジはセスキとペーパータオルで

（P94）、洗濯槽は専用の漂白剤を用います（P98）。エアコンはフィルターを洗い、内部の掃除は数年に一度、業者に依頼。家電のお手入れがすんだら扇風機を出し、襖をのれんに替え、寝具を夏用にします。

秋は、夏に活躍した扇風機やのれんを片づけます。食器棚の見直しも行い、秋色の食器を使いやすい場所に配置（P99）。寝具は春秋用に戻しますが、敷パッドはイブル（中綿入りのキルティングマット）を使用。丸洗いできるうえ、やさしい肌触りで手離せません。

12月になると、電気ヒーター、ラグ、冬用の寝具を準備し、寒さに備えます。年末の大掃除は、ふだんの小掃除のおかげで、キッチンの換気扇、五徳（P99）と窓まわりのみ。こんなふうに、季節の家事を楽しんでいると、一年があっという間に過ぎていきます。

Idea

春の家事

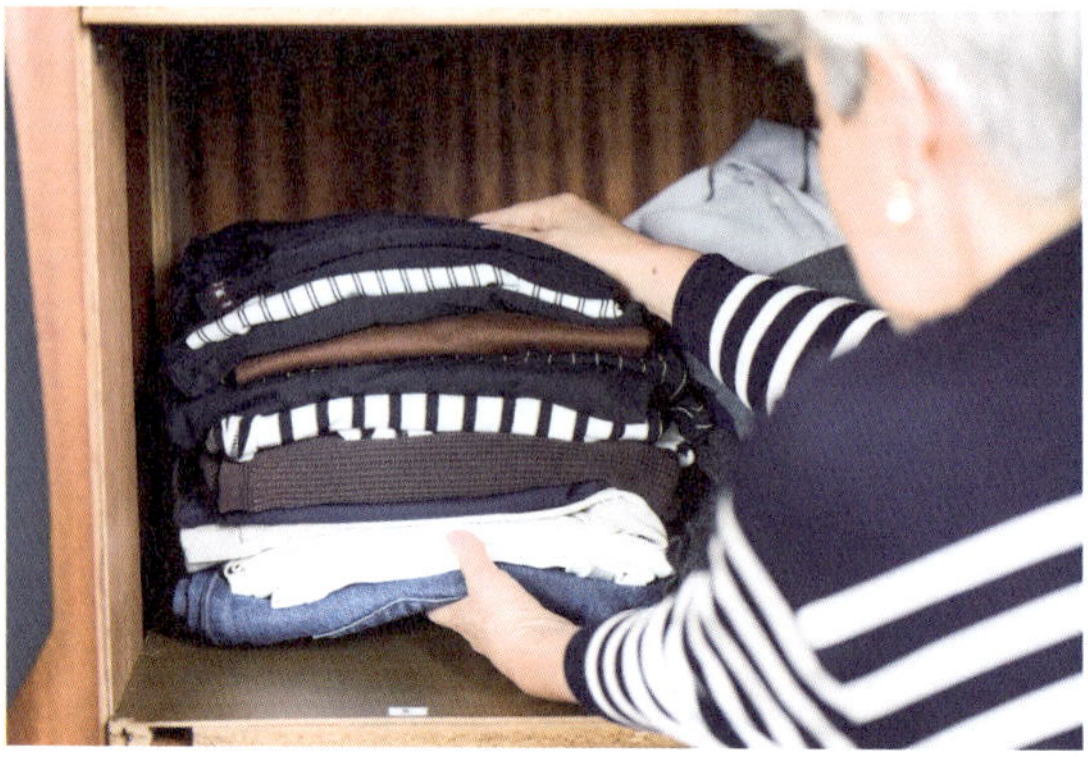

服は春夏用と秋冬用を分けて重ね、棚の前後に置いています。手前がシーズン中のもので、奥がオフシーズンのもの。積み重ねたまま取り出し、前後を入れ替えれば、衣替え完了。

- 電気ヒーターの掃除
- ラグの片づけ
- 寝具の入れ替え
- 衣替え

梅雨前の家事

梅雨前の洗濯槽の掃除は、塩素系の洗剤を使って、しっかり除菌します。写真の商品は洗剤を入れて高水位まで給水し、標準コースで洗濯機を回すだけ。つけ置きがいらないので時短です。

- 冷蔵庫の掃除
- 電子レンジの掃除
- 洗濯槽の掃除
- エアコンの掃除
- 扇風機の設置
- のれんの設置
- 寝具の入れ替え

秋の家事

秋になると、ほっこりした風合いの器を使いたくなるので、食器の位置を入れ替えます。使いやすい高さに秋色の食器を並べ、使用頻度が低いものは別の場所に。

- 扇風機の掃除
- のれんの洗濯
- 食器棚の配置替え
- 寝具の入れ替え
- 衣替え

冬の家事

キッチンのシンクとごみ袋を使って、換気扇と五徳を洗います。ごみ袋にお湯とセスキを入れ、換気扇と五徳を浸します。汚れが浮いてきたら、袋の口をほどいて排水し、水洗い。

- 電気ヒーターの設置
- ラグの設置
- 寝具の入れ替え
- 換気扇や五徳の掃除
- 窓まわりの掃除

18

道具や収納をこまめに改善。家事の“積み残し”を片づける

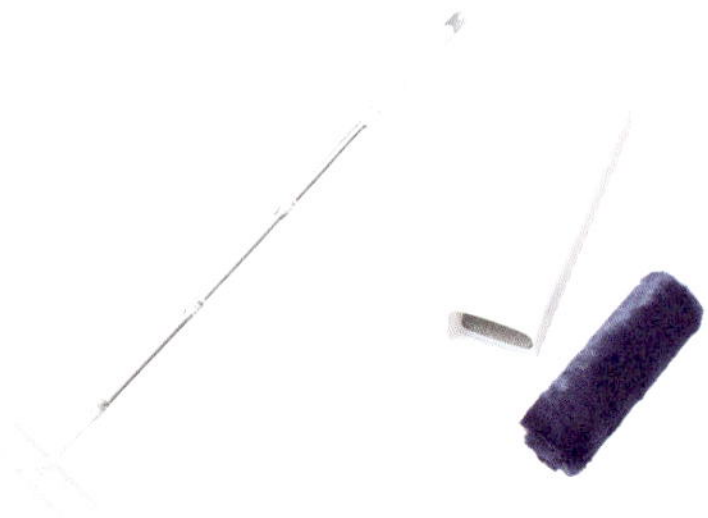

左から　クイックル マグネットワイパー　約長さ110×幅25cm ¥2,398／花王　激落ちくん 時短ケース付 ホコリ取り ケースあり：全長34cm（本体収納時）、ケース幅6.5×高さ21.5cm ¥1,050（参考価格）／レック　※編集部調べ

時間がぽっかり空いた日は、家事の〝積み残し〟を片づけます。スマホで新しい方法を検索したり、便利グッズを探しにお店に出かけたり。自分に合った解決策が見つかると、うれしくなります。

〝積み残し〟とは、たとえば、バスタオルを干す場所がない、タンスが開閉しづらい……など、ささいなことです。それでも小さなつまずきがストレスになり、ほうっておくと小骨のように喉に引っかかって、いつも気になるもの。

最近では、毎朝拭き掃除に使っているフロアモップを最新型の『クイックル マグネットワイパー』(花王)に取り替えました。拭いている最中にシートが外れて、差し込み直すのが面倒だったのですが、これはマグネット式でピタッと張りついたまま。シートの装着も簡単で、モタつくことがなくなりました。

また、棚やテレビのほこりを取るハンディモップは、モップについたごみの除去に困っていました。そんなとき、レックの『激落ちくん 時短ケース付 ホコリ取り』を見つけて解消！ ケースにクリーニングスポンジがついていて、本体を抜き差しすれば、勝手にごみが取れます。あとは、ケースの底にたまったごみを捨てるだけ。

冒頭に挙げたバスタオルの干し場問題は、100円ショップでいいものを見つけました（P104）。ワイヤーネットと専用のフックです。壁にワイヤーネットを取りつけ、『ダイソーワイヤーネット専用フックオフホワイト16個入』（DAISO）を固定。フックの奥行きが浅く場所を取らないうえ、位置を自由に決められるので、タオルを広げてかけられます。

一方、固くなったタンスの扉は、つっぱり棒で解決できました。つっぱり棒に布の上端を巻きつけ、手でザクザクと縫ってカーテンに。扉を外してセットすれば、開閉がラクになり、ものが出し入れしやすくなりました。つっぱり棒は『木目伸縮式つっぱり棒35－50㎝』(DAISO)を選ぶと、タンスの色合いにマッチして違和感がありません。

いつか手直ししようと取っておいた夫のシャツも、リメイクしました。傷んでいるのは襟だけなので、十分に再生が可能。襟を取り外し、台襟の内側と外側の布を縫い合わせ、スタンドカラーに変更しました。

まるで夏休みの宿題を終えた小学生の気分で、どこかすっきり。新しい道具ややり方を試すのは楽しく、家事のモチベーションが上がりました。

プチDIYで自宅仕様 Idea

ワイヤーネットでタオルかけ

脱衣所が狭く、タオルバーの奥行きが取れないため、ワイヤーネットとフックを使いました。壁の洋灯吊りにワイヤーネットを引っかけ、タオルをかけたい位置にフックを固定。フック2つにタオルを広げてかけることで、通気性を確保。

ダイソーワイヤーネット専用フックオフホワイト16個入 長さ5.3×奥行2.9×幅0.5cm ¥110／DAISO

つっぱり棒で開閉しやすく

本やアイロンを収納した棚。扉が開けにくいせいで、うまく使えていなかったので、布カーテンにチェンジしました。タンスの扉を外し、布を取りつけたつっぱり棒を設置。布はゆるめに巻きつけ、スライドしやすくしています。

木目伸縮式つっぱり棒35-50cm（直径10mm／13mm）¥110／DAISO

Remake 傷んだ襟の復活法

STEP | 1

襟を取り外す

リッパーや糸切りばさみで縫い糸をほどき、台襟（緑で囲んだ部分）から襟を取り外します。布に残った縫い糸も取り除いて。

台襟

STEP | 2

台襟の端を縫う

台襟をスタンドカラーにします。内側と外側の2枚の台襟を重ね、上端をまつり縫いで閉じます。内側の布がはみ出さないよう、少し下にズラしながら縫うと、仕上がりがきれいに。

＼完成！／

19

紙物にも置き場所を。テーブルがすっきりすると気持ちいい！

ときどき家族から「さっき見ていた新聞、どこへやったの？」といわれます。席を立つと読み終わったものと勘違いして、収納場所に戻してしまうのです。私にとってテーブルは食事や作業をする場所で、そのつどリセットするのが当たり前。きれい好きなのか、せっかちなのか、自分でもよくわかりません（笑）。

毎日のように届く郵便物やチラシの類は、郵便受けから取り出したら、いったんテーブルに置きます。おばあちゃんや夫、息子など人別に振り分け、それぞれの部屋へ。

家族や私のものは要・不要を仕分けし、不要なものはごみ箱へ。宛名など個人情報は手やはさみでカットして捨てています。はさみもごみ箱もテーブルの近くにあるので、立ったままパパッとやっつけてしまいます。

長時間置きっぱなしにすると、それが当たり前の景色になってしまうので、処理はなるべく早めに。すぐに仕分けできないときは、その日じゅうに行います。翌日に持ち越すと、作業量が増えておっくうになり、やる気を失います。

必要なものは緊急度で2つに分け、置き場所を変えています。緊急性の高いものは、夫のベッドサイドに置いたレターケースに。毎朝の血圧測定で目に触れるため、忘れません。緊急性の低いものは、タンス上のカタログスタンドが定位置です。

家族が集まって、話をしたり食事を楽しんだりするダイニングテーブルは、なるべくすっきりと。紙の束がないだけで、気持ちがよいものです。

紙物の収納法 How-to

いる

いらない

すぐ

健康診断の申込書、公共料金の支払いなど、返信や期日が迫っているものはベッドのサイドテーブルへ。毎朝、夫が血圧を測る時間を利用してチェックしています。

まだ

寝室を出入りする際に、必ず目にするタンスの上。カタログスタンドに、保険の案内や通販カタログなど締め切りのないものを立て、時間があるときにじっくり検討します。

ごみ箱へ

要・不要の仕分けは立ったまま行い、不要品はその足でごみ箱へ。宛名は手で細かくちぎるか、はさみでカットしています。

ちなみに新聞は……

テーブルに置きっぱなしにしがちな新聞は、家電棚の最上部を定位置に。玄関に通じる廊下に近く、ごみ出しがラクです。

PART

3

部屋づくりの楽しみ

20

クッションをチェンジ。模様替えでおうち時間を楽しく

模様替えというとちょっと大げさですが、部屋の雰囲気を変えるのが好きです。家具のレイアウトを変えたり、椅子のカバーを替えたり。観葉植物やキャンドルを使って、ちょっとしたコーナーをつくることもあります。

終活でものの整理を進めているので、家具は最小限しかありません。リビングにはソファ、座卓、テレビ台、小さな棚2つ。それでも向きや位置を動かせば、光の感じや目に映るもの、生活動線が変わり、暮らしが刷新されます。気持ちがリフレッシュし、空気の流れまで変わる気がします。

模様替えのスイッチが入ったら、家にあるものや小さなもので工夫します。たとえばクッションカバーは、気軽に取り入れられるアイテムのひとつ。ソファに置くとアクセントになり、部屋の印象ががらりと変わります。保管がコンパクトなのもうれしい点。

ちょうど先日、「イケア」で、気になるクッションカバー『SVARTPOPPEL／スヴァルトポッペル クッションカバー』を見つけました。肌触りがよく、色も素敵！ 落ち着いたグレーグリーンは革のソファになじみ、観葉植物との相性もよさそうです。

早速、家にあったウンベラータをソファの横に置くと、くつろげるスペースに。寂しかった壁には、自作のアートをフォトフレームに入れて飾り、フォーカルポイント（自然と目がいく場所）をつくりました。

古い家で壁や柱は年季が入っていますが、自分の居場所は心地よく。身近にあるものを使って、なるべく手間やお金をかけずに、自己流の模様替えを楽しんでいます。

Item Idea

カバーの色は植物とコーディネート

「イケア」のクッションカバーは、ポコポコとした模様が特徴的。無地で合わせやすいうえ、表情が豊かで存在感があります。色は観葉植物となじむ、グレーグリーンとオフホワイトを選びました。肌触りも抜群!

「SVARTPOPPEL/スヴァルトポッペル クッションカバー」オフホワイト、グレーグリーン 長さ50×幅50cm 各¥899/イケア

自作のアートで壁にアクセントを

ソファ上の壁に、自作のアートを額装してディスプレイ。墨汁を使うビー玉アート(P175)なら黒一色で、取り入れやすいです。バランスが難しかったのですが、3つ飾るとリズムが生まれ、収まりがよくなりました。

21

100均グリーンでつくる屋内ガーデン。私の癒やしスペース

植物は個性的な品種が好きで、ドラセナ・コンシンネを30年ほど育てました。ハタキのようなまっすぐの幹に、細長い葉をつけたアレです。ポトスやサンセベリア、モンステラなども比較的丈夫で、育てやすいです。ホームセンターの園芸コーナーで、1000〜2000円で購入しました。

お手軽なのはポトスで、切って水に挿せばどんどん増えます。ツルの形状もおもしろく、まるで自然のオブジェのよう。食器棚やタンスの上、廊下の棚……。グリーンの後ろに鏡を置けば、モサモサ感がアップします。

寝室の一角に設けたグリーンコーナーは、インテリアショップのディスプレイを参考にしました。天井からたくさんのグリーンが吊り下がっているのを見た瞬間、寝室に飾るイメージがパァーッと浮かんだのです。「こんなコーナーがあれば、寝る前のひとときをリラックスして過ごせそう！」

鉢植えのグリーンを大量に吊るすには、ひとつずつフックに引っかけるより、ワイヤーネットを利用するのが便利です。ただし、耐荷重が心配なので、DIYが得意な夫に頼み、天井下にしっかりと固定。

グリーンは、100円ショップで売っているフェイクグリーン（造花）を使おうと考えました。ワイヤーネットに巻きつけるのにちょうどいいものが売っているのです。軽量なうえ、水替えの手間もいりません。それだけではチープさが出るので、本物も交ぜて、自然な雰囲気を目指しました。

最近、グリーンネックレスとトラデスカンチアを追加しました。色や姿がそれぞれに異なり、見ているだけで楽しい。大好きなグリーンを愛でながら一日の最後を締めくくるのは、最高の気分です。

Idea

ツル状の植物を吊るして

ポトスやシュガーバインなど、茎が下に垂れるものを選んでいます。多種類を混ぜて、ジャングルっぽく。鉢は茶や緑、透明など変化をもたせました。ワイヤーネットには長さのあるガーランドタイプを巻きつけて、悪目立ちを防止。

壁面と天井にフックを取りつけ、ワイヤーネットの三辺を引っかけています。天井のフックはアンカー（碇《いかり》形のねじ）で固定。

鏡を後ろに置いて緑増量

鏡の増幅効果を狙ったディスプレイ。タンス上に横長の鏡を置くと、グリーンが映り込んで倍増。数が少なくても、緑豊かなコーナーをつくれます。鏡に反射した光がグリーンに当たってきらきらと輝き、明るい雰囲気にも。

22 簡単DIYでマイ雑貨。自分好みの空間に変身!

お店で雑貨を見かけると、「素敵だなぁ」と思うのと同時に、「自分でつくれるかも?!」と頭がぐるぐるぐると働く私。ふだんからちょっとしたDIYを楽しんでいるせいか、つい100円ショップやホームセンターに足が向きます。

写真のドーム形のランプは、100円ショップで売っている『素焼き調ねんど』(DAISO)でつくりました(P120)。陶芸を習っていたときに、似たようなものをつくった経験があり、完成形をイメージしやすかったのです。

ランプは手のひらサイズで、使った粘土は2袋。中に電池式のガーランドライトが収まる大きさを目指しました。粘土をこねて丸い棒をつくり、輪にして重ねていきます。上に行くにつれて長さが余りますが、手でちぎって両端をつなぎ合わせれば大丈夫。てっぺんはドーム状に閉じ、最後につなぎ目の表面を指でならしてなめらかにします。

形が整ったら、次は穴開けです。穴の位置で壁に映る光の形が決まるので、ちょっと慎重に。私は大きなハートをつくり、その周りをランダムに開け、光が壁に拡がるようにしました。穴に大小をつけると、光がもれる量が変わっておもしろいです。あとは乾燥ですが、この粘土は自然乾燥でOK。3〜4時間程度で、レンガのような赤褐色からオレンジを帯びた素焼き色に変化します。

でき栄えはどうあれ、世界にひとつしかないランプをつくれて大満足！ナチュラルな素焼き調は、周囲のグリーンと調和していい感じ。壁に映る光が幻想的で、見ているだけでほっこりと癒やされます。

How-to

ドーム形ランプのつくり方

【材料と道具】

粘土（素焼き調）約220g、ガーランドライト1本、先の尖った丸い割り箸1本、粘土板（なければ牛乳パックなど）

素焼き調ねんど 約110g ¥110、ガーランドライト（40 micro LEDs）全長420cm ¥220／DAISO

STEP | 1

粘土を棒状にこねる

粘土をよくこねてひとかたまりにしたら、5〜6等分にします。ひとつずつ手で転がし、好みの長さの棒状にします。

STEP | 2

棒を重ねてドーム状に

棒を輪にし、両端をくっつけます。残りの棒を重ねてドーム状にし、つなぎ目を指でなでてなめらかにします。内側もきれいに。

STEP | 3

割り箸で穴を開ける

好みの場所に割り箸で穴を開けます。時間をおくと粘土が乾燥して穴を開けにくくなるので、なるべく時間をおかずに作業します。

STEP | 4

中にライトを入れる

シェードがすっかり乾いたら、内側にガーランドライトを入れます。電池は外に出してもOK。

飾り棚、つくっちゃいました！

After

Before

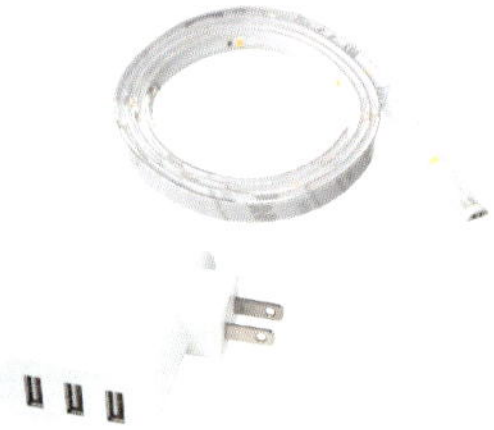

上から　VATTENSTEN/ヴァッテンステン LEDテープライト 1m（コードの長さ2m）¥999、SMÅHAGEL/スモーハーゲル USB充電器 3ポート 幅7×奥行3×高さ8㎝ ¥899／イケア

廊下で眠っていた棚をキッチンに移動し、飾り棚にしました。明るい空間にしたかったので、棚全体にアイボリーの水性塗料をペイント。内側には「イケア」で見つけたテープライトを貼り、コンセントに差し込んだ充電器に接続。中の飾りが浮かび上がるようにしました。お気に入りの食器や雑貨を飾って楽しんでいます。

23
リビングにギャラリー。家族写真のコラージュでほっこり

一日の家事を終えると、2階のリビングに向かいます。テレビを観たり、ストレッチをしたり、夫婦で話をしたり……。寝るまでの時間をここでゆったりと過ごします。

そんな場所なので、なるべく快適に過ごせるよう、自分の好きなものを飾っています。壁の写真コラージュはそのひとつで、写真整理を兼ねてつくったもの。離れて暮らす子どもたちから、孫の写真がたくさん送られてきます。

つくり方はとっても簡単。材料は紙焼き写真ですが、捨てられない雑誌や絵葉書、包装紙、チケットなどを使ってもいいですよね。コラージュ＝〝のりで貼ること〟で、材料や貼り方は自由。細かいルールはなく、レイアウトを思い通りにできるところが気に入っています。

写真を選ぶときは、被写体の形に注目します。人物、料理、雲、傘、電車……。いろいろな形を組み合わせると、動きが出て楽しくなります。台紙に並べたときに生まれるすき間の調整も、うまくいきやすいです。

逆に、すき間をあえて見せる方法もあり、今回は台紙に黒の画用紙を使って、ちょっとシックな印象に。画面が引き締まり、写真が浮き立って見えます。写真コラージュを入れる額は、壁にしっくりなじむオフホワイトを選びました（『画用紙額 八ツ切り3WW』ニトリ、P126）。

壁の写真コラージュは、家族の笑顔や思い出にあふれ、見るたびに「元気にしているかな？」「そろそろ会いたいな」と温かい気持ちに。リビングにぴったりのインテリアといえます。

How-to

写真コラージュのつくり方

【材料と道具】

紙焼き写真好みの枚数、額1枚、画用紙（黒）1枚、はさみ、のり

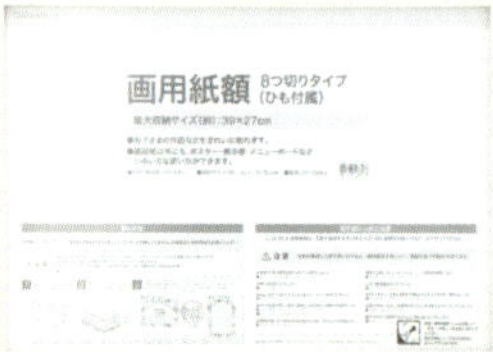

画用紙額 八ツ切り3WW 幅41.9×奥行1.5×高さ29.8cm／ニトリ ※販売終了

STEP | 1

好きな形にカット

写真を好みの形に切り出します。人型、皿、傘、雲など、バリエーションがあると組み合わせやすく、楽しい仕上がりに。

人物写真はポーズが多様で、ユニークな形になります。画面に動きも出せます。

STEP | 2

画用紙に仮置きする

額に画用紙をセットし、切り出した写真を並べ、レイアウトを決めます。写真をズラして重ね、すき間が生まれないように。

STEP | 3

のりを塗って貼る

写真の場所が決まったら、裏にのりを塗って貼ります。下になる写真から順に貼り、1枚ずつ重ねていきます。

24

寝室に間接照明を灯して、就寝前のくつろぎタイムを演出

二女の家に泊まった夜、ほの暗い灯りが部屋を包み込んで、素敵な雰囲気でした。食卓を見ると、そこには小さなソーラーライトが。フタにソーラーパネルがついていて、日の当たるところに置いて充電すれば、ひと晩くらいはもつそうです。

ちょうど、夜間トイレに行く足元が暗くて困っていたので、早速インターネットで探します。見つけたのは、『ガーデンライト Pomelo』(HAPPY JOINT)。手のひらサイズのガラス瓶の中に、30灯のワイヤーライトが入っていて、廊下を照らすのにちょうどいい明るさです。LEDなので長持ちし、オレンジ色の電球色は私の好みです。

ガーデンライト Pomelo 本体：高さ12.7×奥行11.7cm／麻紐：長さ30cm／LEDワイヤー：3m（30灯）¥1,980／HAPPY JOINT

表面の細かなヒビやナチュラルな麻紐はインテリア性が高く、部屋の雰囲気を壊しません。「寝室で間接照明として楽しむと素敵かも!?」とテーブルに置いてみます。タンス上の間接照明もつけると、部屋が立体的に照らされ、雰囲気たっぷり。適度な光量もあり、日記を書くのにも事足ります。

寝る前はいつも、お気に入りの音楽を流し、一日を振り返ります。間接照明の柔らかな光のおかげで、ゆったりとした時間を過ごせ、次第に心がほぐれていくのを感じます。

リラックスタイムが終わったら、トイレにつながる廊下へ。明け方まで足元を照らし、家族の安全を確保してくれます。ソーラーライトなら電気代がかからずエコ。その点もうれしいのです。

PART 4

ファッション・美容の楽しみ

25

小ぎれいな
格好をすると、
出かけたくなる

服を選ぶときに気にしているのは、自分の年齢をあまり意識しないこと。70ウン歳と思うと、「こんなもんでいいや」「ちょっと派手かな……」などという意識が働いてしまいます。

私たちの世代はなんとなく、〝年を取ったらこんな感じ〟という刷り込みがあり、つい地味な服を選びがち。自分の〝好き〟を封印してしまうのは、もったいないなぁと思うのです。

〝最先端〟や〝モード〟にはそれほど興味はありませんが、自分が納得できるファッションをしたいと考えています。カジュアルすぎず、気張りすぎず。清潔感のある小ぎれいな格好です。〝ちょっと町まで〟のお出かけで、背筋をスッと伸ばして、胸を張って歩ければ合格。人目はそれほど気にしませんが、自分の機嫌は大事にします。

私の身長は152㎝なので、ボトムスには気をつかいます。できるだけすらっと見えるよう、スリムよりストレートやワイドタイプを選び、縦長のラインを強調。Iライン（アルファベットのIの字のように、ほっそりしたシルエット）を意識しています。ただし、ダボつくとかえって太って見えるので、幅が広すぎないものを探します。

トップスは、素材によって印象が変わりますよね。お出かけのときはレーヨンやシルクなど、いわゆるとろみ素材のものを身に着けることが多いです。光沢があって、なんとなく上品な雰囲気に。シワが目立たず、きれいに着られるのも魅力です。家ではコットン素材が多いので、袖を通すだけで気分が上がります。

ニットはざっくりした編み方のものは避け、できるだけ密度の詰まったものを選びます。首元の開きも気になり、詰まりすぎていると首が短く見えますし、開きすぎていても間延びして見えるので、試着して開き具合を確かめます。

よく「着る服がない！」と聞きますが、私もお出かけ用の服はそんなに持っていません。気に入ったコーディネートが2パターンくらいあればいいと思っています。

そのひとつが132ページのコーディネート。袖の刺繍が華やかなトップスに、センタープレス入りのパンツを合わせてきれいめに。ちなみに、トップスはいただきもの、パンツは以前「ユニクロ」で見つけました。この格好をするとワクワクし、気持ちが町へと向かいます。

Item

とろみ素材で上品さアップ

レーヨンやシルク、テンセルなどの素材は、光沢があってどこかおしゃれに見えます。柔らかい素材で、自然なドレープが生まれ、エレガントな印象も。シャツはちょっと大きめをゆったり着るくらいがちょうどいいようです。

ワイドパンツで縦長を強調

ワイドパンツは縦長のIラインをつくれて、ほっそり見えます。シルエットを拾わないので、脚やヒップラインが気にならないのもうれしい。デニムならストンとした落ち感があり、ウエスト位置も高めなので、足長効果が狙えます。

適度な開きで首元すっきり

Vネックは肌の露出が増え、シミやシワが目立つので、避けていました。でも「ユニクロ」で見つけたこれは、浅めのVで適度な開きがすっきりしていい感じ。P138〜ご紹介するあえて“見せる”着こなしにぴったりです。

ハイゲージニットできちんと感

ニットは目が詰まったハイゲージタイプを選んでいます。落ち着いた印象で、高見えするような気がするからです。手触りがなめらかで、着ていて気持ちいいのも◎。薄手が多く、重ね着しても着ぶくれしません。

26

“見せる”と“隠す”を意識して、さりげなく体型カバー

以前、フルレングスのパンツルックが流行ったとき、チャレンジしたくてお店で試着したことがありました。鏡に映る自分の姿を見ると、どこかもっさり……。重心が下がってバランスが悪く、体型に合っていないな、と感じました。

町で同世代のおしゃれさんを観察していると、バランスのよさに気づきます。背の低い人、ぽっちゃりした人、大柄な人……。いろいろな体型の人がいらっしゃいますが、みなさん、コンプレックスをカバーする着こなしがお上手。おしゃれな人は、自分のことをよくわかっていて、〝見せる〟と〝隠す〟が絶妙です。

なかでも〝見せる〟は、首、手首、足首の3つの首の見せ方で、見た目の印象が変わると何かで読んだ記憶があります。私は身長152㎝と小柄なため、パンツはアンクル丈を選んで足首を、シャツは袖をめくって手首をあえて見せています。それぞれの部位でいちばん細い場所を見せることで、そちらに視線が向かって、すっきり見えます。

逆に隠したいのは、お腹や背中、二の腕……。年齢なりにふっくらしているので、トップスは袖ぐりの広い、脇まわりがゆったりしたドルマンスリーブを選びます。ウエストの絞りがない、ストンとしたボックスシルエット（寸胴形）を着ることも。また、夏のトップスには七分袖や五分袖を選び、肘のシワやカサつきを隠します。これは、他人の後ろ姿を見て学びました。

〝見せる〟と〝隠す〟など着こなしのコツをつかむと、見た目はもちろん、ちょっとだけ自信がついて、おしゃれが楽しくなります。

Idea

見せる

足首には アンクル丈パンツ

足元がパンツの裾でダブつくと、重たい印象に。重心が下がって、なんとなくもっさり見えます。パンツはアンクル丈を選び、足首を見せてすっきりと。ストッキングは素肌に近い色を選びます。

隠す

肘のシワには 七分袖

後ろから見たときに気になるのが、肘のシワやカサつき。夏のトップスはできるだけ半袖を避け、七分袖や五分袖を選ぶようにしています。袖のリブをたくし上げると、こなれた雰囲気に。

お腹・背中には ドルマンスリーブ

袖と身頃が一体化し、脇下をゆったり取ったドルマンスリーブは、二の腕や脇腹をうまく隠してくれます。身頃の幅も広く、背中やバストラインにゆとりが生まれるため、下着の線を拾いません。

27

似合う色とイマイチな色を知って、“しっくりこない”を解消！

好きで選んだはずの洋服がなんだか似合わない……。白髪が増えたせいか何を着てもしっくりこない……。そんなことが続いたので、娘に誘われてパーソナルカラー診断を受けに行きました。

パーソナルカラー診断とは、肌や目、髪の色から、その人に合った色を見つけるもので、色の布を顔に当てて判断します。私の場合は、黒やグレー、白が似合う色。なんと、悩んでいたグレイヘアも、あえて髪を染める必要のないことがわかりました。似合わないのは、カーキやブラウン、辛子色。アクセサリーなら、ツヤ消しのゴールドより、キラキラしたシルバーが似合うそうです。

早速、鏡の前に立ち、手持ちの服を顔に当ててみました。すると、一目瞭然！　似合うといわれた色はたしかに顔映りがよく、表情が明るく見えます。逆に、似合わないといわれた色は、どことなく顔色がくすんで見えます。色を判断する際は、肌や髪の色がきれいに映る、明るい場所で行うのがおすすめです。

家には似合わない色の服もありますが、それらもうまく活用することができます。たとえば、似合う色のインナーを下に着たり、ストールを巻いたりすると、顔色が一瞬にして変わるのがわかります。これらの工夫は、着こなしのバリエーションを増やすことにもつながります。

服を選ぶときは、なんとなく自分の好きなものを買っていたので、色がこれほど重要とは驚きました。買い物で悩んだときは、自分に似合う色を選べば、失敗が少なくなります。終活中でものを増やしたくない私にとって、うれしい発見になりました。

Idea

“くすむ”“映える”は顔色で判断

似合う色を判断するには、鏡の前に立って服を顔の下に当てます。顔色が暗く沈んだらNG。顔が浮いたり、きつく見えたりすることもあります。似合う色は違和感がなく、顔色がパッと輝きます。

私の場合、白や黒、グレーなどモノトーンが似合う色。柄物や飾りつきのものも、似合う色でまとめます。

NGカラーは顔まわりに似合う色を

本来なら似合わないくすみカラーのカーキ。インナーに黒のタートルネックを合わせたら、顔色が明るくなりました。イヤリングも黒をチョイス。迷いがちなアクセサリーを選ぶ参考にもなります。

28

なんだかさえないときは足し算で。お助けアイテムを総動員

145ページの黒いワンピースは、数年前に通販ショップで見つけたもの。実店舗で試着すると値段のわりに高見えし、ボリュームスリーブが着やせして見えるので、即決で買いました。一枚でシックに着てもいいのですが、ストールを巻くと華やかな印象になります。

私にとってストールは、「何か物足りない……」ときのお助けアイテム。黒と茶ベースの2つ持っていて、どちらか服に合うほうをくるっと巻いて出かけます。茶のストールは黄や紫などいろいろな色が交ざっているため、合う服の幅が拡がって重宝。難しいとされがちな柄入りも、写真のような連続模様のものは、意外になんにでも合います。

顔まわりが寂しいときは、イヤリングをつけます。パール、ビーズ、黒い石……。P148の写真ではゴージャスに見えますが、いずれも100

0円台のリーズナブルなもの。ちょっと大ぶりなものを選ぶと重心が上がり、背の低い私にとっては好都合です。

バッグはお出かけ用に小さなポシェットを持ち、コーディネートの仕上げに使います。いろいろ試した結果、残ったのが2つ。白と黒は季節で使い分けられ、どんな色の服にも合います。

出かける場所や気分によっては、事前にマニキュアを塗ることも。知人のネイリストに一度塗ってもらった際、指先のおしゃれに目覚めました！指先や耳など体の先端がきれいだと、どこか素敵に見えますよね。

ストール、イヤリング、バッグ、マニキュア……。小物の力を借りて、少ない服でおしゃれを楽しんでいます。

Item

イヤリングでアクセント

パール、ビーズ、黒い石、金のフープ……。耳元を華やかに彩ってくれるイヤリングは、大ぶりのものや光りものを選びます。存在感があって、上半身のポイントになります。楕円形や四角形、菱形など、形にちょっとこだわって。

白か黒なら、だいたい合う

お出かけ用のバッグは、ソフトな素材のポシェットを愛用しています。持ち手は細くしなやかで、身につけると柔らかな印象に。2色あれば、季節や雰囲気で選べます。白、黒ともに3000〜5000円くらい。駅ビルの洋服屋さんで購入。

柄入りストールで華やかに

コーディネートが決まらないときの救世主。右がダルメシアン柄で、左が花柄。一見派手そうですが、幅を折ってコンパクトに巻くと、アクセサリー感覚で使えます。顔まわりに華やかさが加わり、まさに“なんとかなる”から不思議。

ファンデーションカラーズ
02 ラベンダーピンク 8mℓ
¥396／CANMAKE

マニキュアで指先に色を

マニキュアはお手入れがおっくうで、なかなかチャレンジできずにいました。でも写真のシアータイプなら、多少剥げても目立たないのが◎。透明感のある淡い発色で、さりげなくおしゃれできるのが気に入っています。

29

適当でも“それなり”を維持できる、イージーケアを継続

若い頃の私は、セオリー通り、クレンジングでメイクをしっかり落としていました。〝自分に合うものを〟といろいろ試すうちに肌が荒れ、ヒリヒリと痛むまでに。必要な脂分や水分を落としてしまったのか、もともと肌が弱いせいなのか……。きちんとやればやるほど悪影響が出たのです。

そこで、洗顔法やメイク用品を見直すことにしました。長年の使用で自分の肌と相性がいい石けん『カウブランド赤箱』（牛乳石鹼共進社）で落とせるようにしたのです。ファンデーションは使わず、クレンジング不要の色つき下地（『フェイスエディション（スキンベース）フォードライスキン』（エテュセ）を使用。石けんひとつで洗ううちに、肌の調子を取り戻し、今のスタイルになりました。

石けんは朝の洗顔には使わず、メイクを落とすときだけ使います。お湯で泡立て、洗うときも流すときも、できるだけ肌をこすらないように。洗顔後も、タオルをポンポンと当てるくらいで、ゴシゴシと拭きません。

手のカサつきは、入浴後に『コエンリッチトーンアップ ハンドクリーム』（コーセーコスメポート）でケアしています。保湿成分が浸透しているのか、朝起きるとしっとり。洗い物でお湯を使ったあとなども塗布。

肌の調子がいいと髪も気になるようになり、久しぶりに髪型を変えました！　スパイラルパーマというらせん状のカールで、自然なふんわり感が出ます。朝のスタイリングが適当でもおしゃれに決まるのがお気に入り。

肌や手のお手入れは毎日のこと。私にはシンプルで続くやり方が、合っているようです。

Item

顔

石けんで落とせる色つき下地を愛用

ファンデーションはBBクリーム（美容液や化粧下地が入ったもの）を使っていたので、使い勝手の似た下地クリームを選んでいます。しっとりとした使用感で、薄いピンク色は血色がよく見えます。

フェイスエディション（スキンベース）フォードライスキン 35g ¥1,980 ※現在はリニューアル商品を販売／エテュセ

シンプルな石けん洗顔でしっとり

子どもの頃から使っている石けん。うるおい成分・スクワラン配合で、洗顔後は肌がしっとりします。牛乳石鹼の赤箱は、青箱に比べて泡立ちがクリーミーで、洗顔料としても使えます。

カウブランド 赤箱 90g ¥110／牛乳石鹼共進社

手

保湿クリームをこまめに塗布

手のカサつきはもちろん、小ジワやくすみなど、手肌の年齢対策にぴったりのクリーム。ヒアルロン酸やコラーゲン、植物オイルでハリを出し、拡散パールでトーンアップしてくれます。

コエンリッチ トーンアップ ハンドクリーム 80g ¥658／コーセーコスメポート

Column

夫の身だしなみ事情

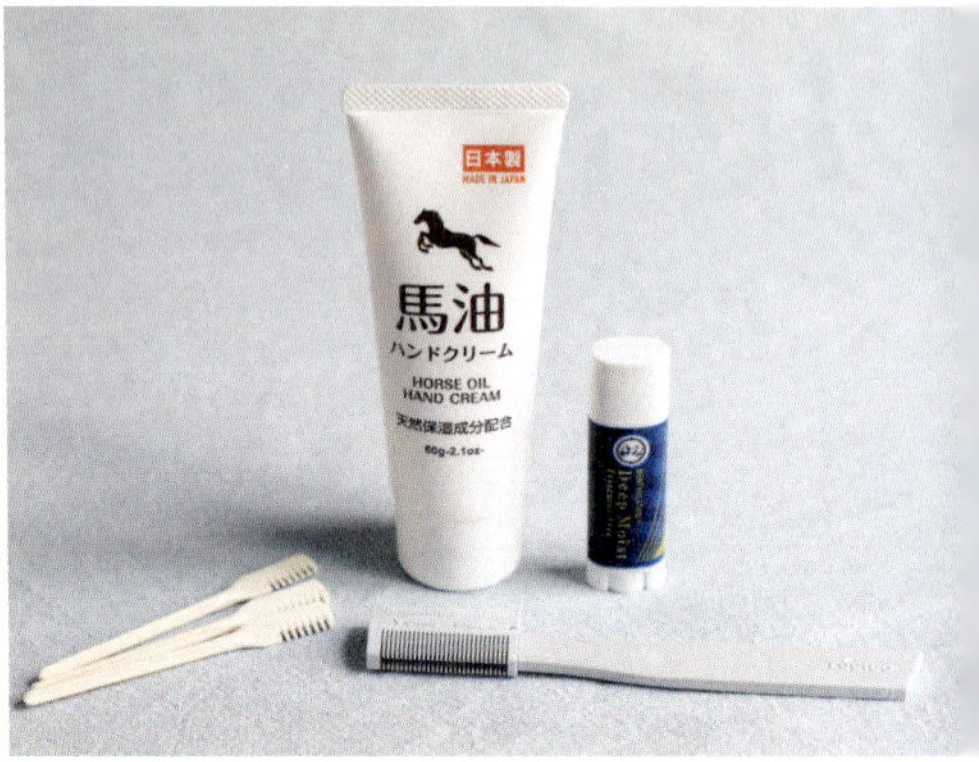

中央から時計まわりに　馬油ハンドクリーム 60g ¥110／DAISO　メンソレータム ディープモイスト（無香料）医薬部外品（販売名：メンソレータム薬用リップスティックOU）4.5g ¥495／ロート製薬　ルシード 眉用トリマー 長さ17.5×幅0.7×厚み0.2cm ¥770／マンダム ルシード　鼻毛カッター 3本入 約長さ8.3×幅0.8×厚み0.4cm ¥110／Watts

ボサボサ眉やカサカサ肌は、老け顔の象徴。夫の身だしなみは、中年期までは私が口出ししていたのですが、今は自主的に行っています。身ぎれいにすると若返った気分になり、生活にハリが出るそうです。

肌ケアは夏と冬で異なり、夏は日焼け止めと化粧水、冬は保湿用化粧水とハンドクリームを使用します。ハンドクリームは馬油で、ベタつかずサラッとした仕上がり。唇がカサつくときは、リップクリームも塗ります。いずれも朝の洗顔後と夜の入浴後に行っています。

眉ばさみでは長続きしなかった眉のお手入れは、眉毛トリマーを導入してから習慣化しました。眉尻から眉頭に動かすだけで、眉毛が3㎜の長さにそろいます。

鼻毛の処理は、電動タイプなどいろいろ試した結果、写真のものに落ち着きました。鼻の穴にカッターを入れるため、最初はそろそろと動かしていましたが、慣れてくるとサッとやっても大丈夫。今では手離せないようです。

PART

5

暮らしの楽しみ

30

時間がなくても
続けられる、
体にちょっといいことをする

じっとしているより、忙しくしているほうが性に合っているので、ついつい無理をしがちです。とはいえ70代になり、季節の変わり目に体調を崩すなど、若い頃に比べて体力の衰えを感じるようになりました。毎朝、血圧も測定しています。

わが家は90代のおばあちゃん、70代の夫、40代の息子の4人暮らしなので、平日は私がひとりで家事を切り盛りしています。訪問看護やケアマネージャーなど来客の応対もあり、「もし自分が倒れると、家が回らなくなるのでは?」という不安が常につきまといます。

そのため、健康には気をつけています。ジムに通うなどまとまった時間は取れないので、日常生活でなるべく歩くことにしました。それなら家事をしながらでもできます。床のモップがけをしたり、階段の手すりを磨いたり。腰に万歩計をつけ、一日5000歩を目標に。数値化するとやる気が出て、「あと少し！」と頑張れます。足りないときは、毎日の買い物コースをちょっと変えて、歩数を稼ぎます。

また、入浴後のテレビタイムを利用し、ストレッチを行っています。60代のときに女性だけの30分フィットネス「カーブス」に通っていた時期があり、そこで教えてもらったストレッチを今も続けています。全部で12種類あるのですが、その日の調子でいくつかを選択。体がほぐれて、軽くなるのを感じます。余力があれば、ステッパーを15分くらい踏み、脚力アップに励んでいます。

疲れにくい体をつくるため、筋肉量を増やすとされるたんぱく質も積極的に摂るようになりました。昼食と夕食に、豆腐やごま、豆などの植物性たんぱく質を一品加えることに。厚揚げを甘辛く煮たり、市販のごま豆腐を食べたり。冷凍の枝豆は、解凍するだけで食べられて便利です。

一日の3分の1を占める睡眠も大事ですよね。寝室は空調に頼らず、季節で寝具を入れ替えます。たとえば敷パッドは、夏は通気性のよいもの、春秋は中綿入りのキルティングマット・イブルに。ちなみに、敷布団の上には低反発マットレスを敷いて、快眠の助けにしています。

寝る前には、寝室の間接照明を灯し、お決まりの音楽（鈴木重子さんの『ジャスト・ビサイド・ユー』など）をかけて入眠モードに。今日をゆっくり振り返り、日記帳に楽しかったことを記します。逆に、ネガティブなことは残しません。一日の終わりを楽しい気分で締めくくると、明日も頑張れそうな気がするからです。

歩数計を身につける

朝起きたら、万歩計をパンツのベルトに取りつけるのが習慣。家事と買い物で一日5000歩を達成しています。『大きい文字の歩数計 振り子式 ホワイト』（オーム電機）はクリップつきで身につけやすく、つけたままでも歩数が見えます。

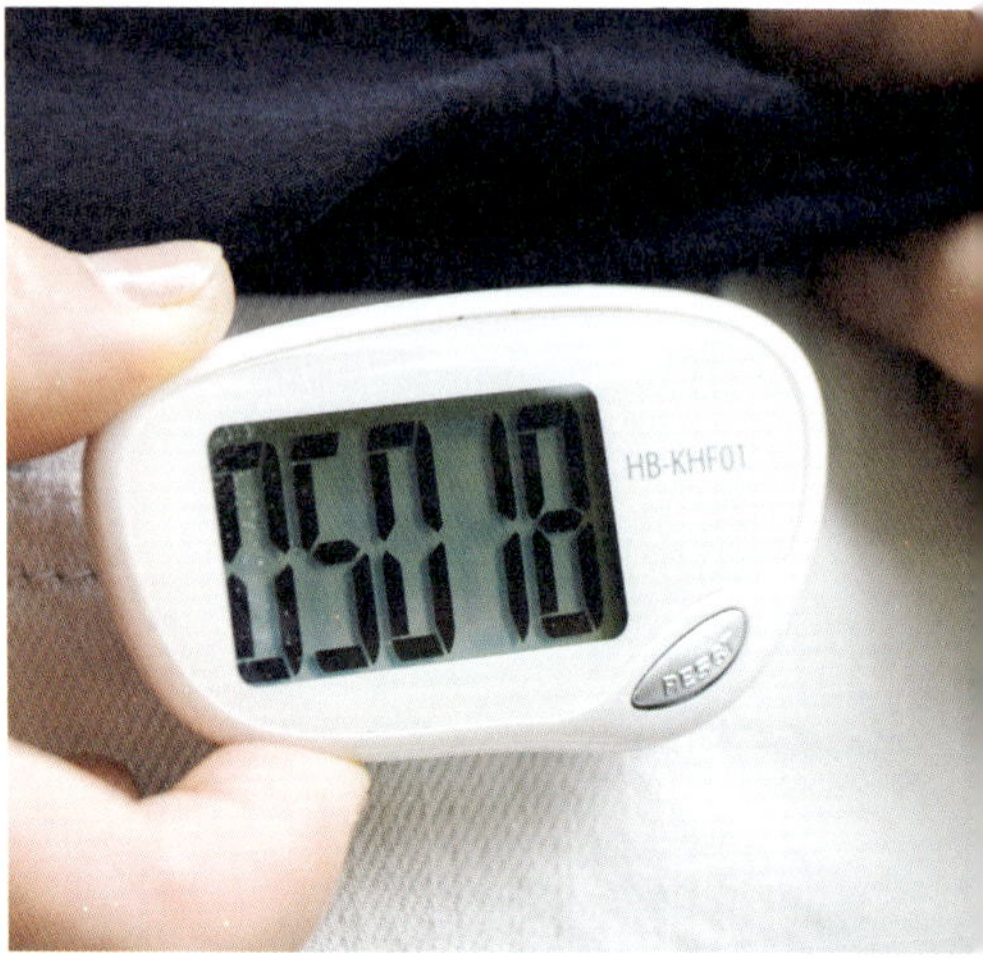

たんぱく質を欠かさない

厚揚げの煮物は、単品でも食べごたえのあるおかずになるので、よくつくります。味つけは薄口しょうゆ、砂糖、みりん、酒、だしの素。また、たんぱく質を多く含んだごま豆腐を常備。手間いらずで、気軽に摂取できるのがいいです。

楽しい記憶を書き留める

日記には“いいこと”だけを書いています。書いている最中も、読み返したときも楽しい気分になれるから。ネガティブなことを書いても、事態は変わりませんし、“後ろは向かない”と決めると、気持ちがすっきりします。

風呂上がりに体をほぐす

入浴で体を温めたあとは、リビングでゆったりストレッチ。以前通っていた「カーブス」の冊子には肩や腰など部位別のストレッチが載っていて、自宅でできるようになっています。ちなみに、写真のストレッチは背中〜腰を伸ばすもの。

31

気になっているお店に
行ってみる。
初体験にドキドキ！

以前、憧れのカフェに行ったときのこと。〇〇フレーバーや〇〇マキアートなど、はじめて見るメニューに心が躍り、試してみたくなりました。でも意味がわからず、娘に通訳をお願いし、ようやく注文。こんな調子では「楽しみをひとつ逃してしまう！」と私なりに作戦？を練り、後日ひとりで行ってみたのです。

まずはお店選び。混んでいるお店は避け、駅から少し離れた落ち着いた雰囲気のお店を選びました。並ぶ人が少なければ、注文でモタついても影響が少ないと考えたのです。メニューがわからなかったり、選ぶ余裕がなかったりしたら、「おすすめはなんですか？」と聞こうと決めて入りました。

注文は、大きな文字で書かれた壁のメニューを見て、なんとなく決められました。「アールグレイティーラテ」です。「サイズは『小さいの』」で

OK。お客さんには若い人が多く、最初は「場違いかな？」とソワソワしていたのですが、みんな自分の世界に没頭し、周囲を気にしていないことが判明。端の席に座ったら落ち着いて周囲を見渡せ、「ひとりでもやればできる！」という達成感がじわじわと湧いてきました。

前回うまくいかなかったのは、情報量の多さやスピーディーな展開についていけず、焦ってパニックになってしまったから。時間に余裕さえあれば、メニューだって選べるし、自分の言葉でも通じたので、ちょっと自信がつきました。

また来よう。次はお店の雰囲気に似合うよう、ちょっとおしゃれして。おいしいラテを飲んで帰る頃には、「次はあのお店に行ってみようか……」と新たな目標が見つかりました。

32

鉢ひとつで
楽しめるハーブ。
フレッシュな味や香りを堪能

ミント、大葉、バジル、ローズマリー……。ベランダで洗濯物を干していると、ハーブのいい香りが漂ってきて、気持ちが癒やされます。手で触れると成長を感じ、子育てに似た喜びも感じます。どれも初心者向きのものので、植木鉢やプランターで育てられ、手がかかりません。春と秋の2回、ホームセンターやスーパーで種や苗を購入しています。

なかでもミントは20年以上前から育てています。虫に強く、半日陰の場所を好み、土が乾かない程度に水をあげればOK。最盛期はこまめに収穫し、下の葉にまんべんなく光が当たるようにします。

摘んだ葉はいろいろなものに活用します。ハーブティー、ハーブウォーター、エスニックサラダ、料理の飾り……。冬になり根元に新芽が出てくれば、伸びた茎や黄色い葉をカット。ミントは多年草で寒さに強いので、

翌春も楽しめます。

春は、夏に大活躍する大葉を育てます。やはり半日陰で育て、土が乾燥しないように水やり。茎が30㎝ほど伸びたら下の葉から収穫します。こちらは一年草なので、冬越しはしません。

麺類の薬味や和え物の風味づけのほか、大量に収穫したときは大葉みそをつくります。みそ、炒りごま（白）、砂糖、みりんを弱火にかけ、刻んだ大葉をどっさり。佃煮感覚でご飯にのせたり、みそを塗って焼きおにぎりにしたり。ゆでたキャベツにつければ、野菜をたくさん食べられます。

おつまみにぴったりなのが、大葉のパリッと揚げです。洗った大葉の水けをしっかり拭き取り、揚げ油を熱したフライパンでサッと素揚げ。火加減を調整しながら、両面を揚げて塩をふると、韓国のりみたいな食感でおいしいです。

あとは混ぜご飯。わが家の定番、大葉と鮭フレーク、炒りごま（白）入りの混ぜご飯は、子どもたちのお弁当によく入れました。今でも、お昼ご飯に困ったとき、冷蔵庫の残り物（ゆでたこ、たくあん、クリームチーズなど）を刻んでご飯に混ぜ、オリーブオイルで風味づけ。ルッコラや水菜などのベビーリーフも入れ、イタリアン風のバラ寿司にすることも。

食いしん坊なので、料理に生かせるとますますうれしい。最近はルッコラやレッドビーツ、水菜などが入ったベビーリーフを育てています。成長が早くてすぐ食べられるうえ、サラダやマリネにおしゃれに使えて料理が映える。うれしいマイブームです。

How-to

ベビーリーフの種まき

【材料と道具】

ベビーリーフの種、野菜用の培養土、植木鉢やプランター、霧吹き、ティッシュペーパー

STEP | 1

ティッシュペーパーに種をまく

水で湿らせた土にティッシュペーパーを置いて、霧吹きなどでまんべんなく水をかけます。種をパラパラと重ならないようにまいたら、ティッシュペーパーをかぶせ、さらに水をかけます。保水力が高まって、発芽しやすくなります。

STEP | 2

土を薄くかぶせる

ティッシュペーパーの上に薄く土をかぶせ、種が流れないよう、やさしく水をかけます。乾燥に気をつけ、発芽するまでは水をきらさないように。植木鉢やプランターの代わりに牛乳パック（底穴を開ける）を使っても。

33

おばあちゃんと
月1ランチ。
お出かけでリフレッシュ

おばあちゃんは今年98歳。昨年は体調を崩し、しばらく入院しましたが、今は元気で過ごしています。着替えや洗顔など身の回りのことはひとりでこなし、つい先日はなじみの美容院に予約の電話を入れていました。来客があるとベッドから起き上がり、うれしそうに声をかけます。

持病もあることから、訪問看護のお世話になり、健康管理をお願いしています。ときどき看護師さんと散歩に出かけるのですが、家に戻ってくると頬が紅潮し、とっても楽しそう。その日の夜は食事が進み、調子がいいのです。

そんな様子を夫と見ていて、「月に一度、3人でランチをしよう」と提案しました。考えてみれば、おばあちゃんは一日の大半を自分の部屋で過ごし、テレビを見たり、私たちとちょっと話したり。毎日がこれでは、私だって息がつまります。散歩が趣味の夫は、外の空気を吸えば気分転換になることをよく知っています。

月1ランチは、おばあちゃんの体調や天気のよい日に、近所のご飯屋さんに歩いていきます。近くとはいえお出かけなので、服を選んで髪を整えると、表情がみるみる変わります。車椅子が入れるお店は限られていて、同じお店になることが多いのですが、季節で変わるメニューやお客さんの様子を眺めるだけで、新鮮な気分になるようです。

帰りにスーパーや100円ショップに寄ったときは、「アレが見たいコレが見たい」と楽しそうに店内を一周することも。月1ランチの日は一日じゅうテンションが高く、家でもご機嫌。私たちもうれしくなり、家の中がパッと明るくなります。

34

やってみたかった アートに挑戦。 無心になれて楽しい！

陶芸教室に通うなど、昔からものづくりが好きで、チャンスがあれば何かやってみたいとウズウズしていました。特別な知識や技術がなくてもできるものがあれば……。そう考えていた矢先、小学生の孫がつくった作品に衝撃を受けたのです。

ドット（点）だけで絵を描く、ドットペイントというものでした。もともとはオーストラリアのアボリジニのコミュニケーション手段のひとつで、文字の代わりに絵で、人や場所、ものを伝えたそうです。

孫が教わったドットペイントは、綿棒に黒、白、茶色の絵の具をつけて、画用紙をドットで埋めていく方法。これなら私でもできるかも……！　モチーフも○や△などの幾何学模様なら、コップなど家にあるものを利用すればなんとかなりそうです。手始めにB6サイズでやってみたところ、2

時間ほど熱中！　アクリル絵の具、クラフト紙やくすみ色の画用紙、綿棒、筆、パレットがあれば始められます（ユーチューブ#195でご紹介）。

また、インターネットの写真投稿サイト「インスタグラム」で目に留まったのが、海外のアーティストが手がけたビー玉アート。ビー玉コロコロアートとも呼び、調べてみると保育園の遊びにもなっているようです。

ビー玉アートは、絵の具をつけたビー玉を枠の中で転がすだけ。転がし方ひとつでいろいろな線になり、ひとつとして同じ模様ができません。絵の具の代わりに墨汁を使ってみたら、モダンな雰囲気に。完成後は額装し、リビングの壁に飾りました（P113）。材料は、ビー玉約3個、墨汁、グレーの画用紙、四角い枠。枠はなんでもよく、私はフォトフレームを利用しました。

Ｐ177でご紹介するスクイージーアートは、画用紙にアクリル絵の具をしぼり出し、スクイージーというヘラで伸ばし、色の重なりや自然な線を楽しむもの。絵の具は100円ショップで売っています。

ポイントになるのはスクイージーで、最初は市販のスクイージーでやってみたのですが、手に余る大きさで動かしづらく失敗……。空き箱をカットして、自分の手に合ったサイズを自作したら、スイスイ動かせるように。また、画用紙の代わりにツルツルした空き箱を使ったところ、スクイージーのすべりがよくなって、思い通りの線が描けました。

どれも作業は簡単で、保育園児や小学生が楽しめるレベル。絵心がなくても、不器用でも、楽しめるアート。偶然が生む産物だからこそ、気に入ったものができたときは、特別にうれしいものです。

How-to

スクイージーアートの手順

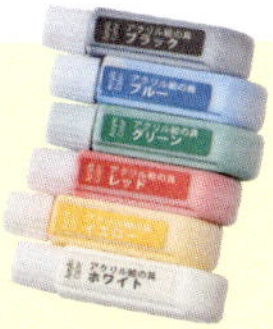

【材料と道具】

表面がツルツルした空き箱、アクリル絵の具、スクイージー（空き箱の残りでつくったヘラで代用）

アクリル絵の具６色セット５mℓ×６本 ¥110／Can★Do

STEP | 1 厚紙に絵の具を出す

空き箱を好みのサイズにカットします。白でも色つきでもOK。絵の具をチューブから直接しぼり出し、間隔を空けてテンテンとのせます。白や黒が入ると、締まった雰囲気に。作業する際は、下に新聞紙などを敷いても。

STEP | 2 スクイージーで伸ばす

スクイージー（自作のヘラ）を使って、絵の具を伸ばします。直線、S字、渦巻きなど、イメージに沿って、手をゆっくり動かせばOK。同じ場所を何度もなぞるより、最初に引いた線を生かすようにすると、きれいに仕上がります。

35

掘り出し物に出会うワクワク感が好き。100円ショップや雑貨屋巡り

先日、100円ショップでいいものを見つけました。固まった粉末調味料をもんでほぐせるケースです。塩や鶏がらスープの素をふっても出てこないことがあったので、「かゆいところに手が届くなぁ」と感心しながら買い物かごに入れました。今キッチンで大活躍しています。

100円ショップや雑貨屋さんは、私にとってひとりで楽しめるレジャー施設のようなもの。流行のものや便利グッズがあふれていて、見ているだけで気分が高揚します。とくに100円ショップは割安で、気軽に買って試せるのがうれしい。家事のストレスを解消したり、行事の食卓を華やかにしたり。生活の刺激になり、毎日がちょっと楽しくなります。

愛用中の商品はたくさんあります。DAISOの『マルチスライサー(白)』(P181)はキャベツのせん切りを画期的にラクにし、常備する習

慣が生まれました。『キッチンマルチスタンド（S）』（DAISO、P182）は三角コーナーを手放すきっかけをくれ、衛生面の不安を軽減することに。また、吊り戸棚のすき間にお椀を収納できたのは、『食器ストッカー　ホワイト』（Seria、P183）のおかげです。

掘り出し物を探すのはもちろん、お店の装飾を見るのも楽しみのひとつ。寝室のグリーンコーナー（P116）は、インテリアショップのディスプレイがヒントになり、自分なりに真似したものです。

100円ショップや雑貨屋さんは、流行に敏感で商品の入れ替えスピードが速いので、いつ行っても飽きません。陽気のいいときは毎週、夏や冬でも月3回は足を運びます。時間を忘れるほど夢中になり、帰路に着く頃にはウキウキ。安上がりな大人のレジャーです。

テーブルウエア

盛り合わせに最適な大皿

直径25cmの平らな皿。おかずを数種類並べるのにちょうどよく、ワンプレート料理によく使っています。ナチュラルな色合いは和洋中なんにでも合い、料理を選ばないのも◎。

GLADELIG/グラデリグ プレート 直径25cm（4枚入り）¥1,999／イケア

見栄えのよいカラフェとコップ

栓がガラス製のカラフェは高見えし、上品な雰囲気を演出してくれます。コップはドリンクのほか、ヨーグルトやアイスクリーム、ワンプレート料理のおかずを入れるのに活用。

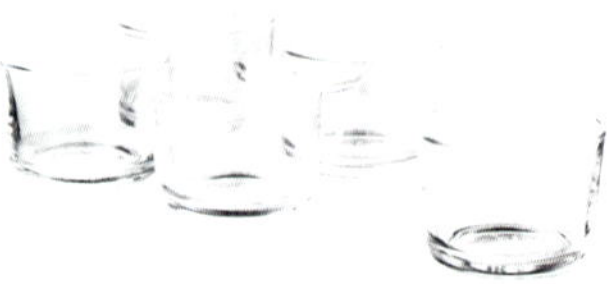

左 SÄLLSKAPLIG/サルスカプリグ カラフェ 栓付き 高さ27cm 容量0.9L ¥999 ※生産終了品
上 IKEA 365＋ グラス クリアガラス 高さ6cm 容量18cl（6個入り）¥499／イケア

調理用品

キャベツの せん切りスライサー

刃が大きめで、一度に大量のせん切りができます。私はキャベツを¼くらいにカットし、ボウルの縁に固定してスライス。シンプルな構造で、洗いやすいのもお気に入り。

マルチスライサー（白）
縦20×横11.2×厚み1cm
¥110／DAISO

太さがそろってきれい。細巻き型

手巻きでは太さがマチマチになりがちですが、これを使うと均一になります。押しフタ、枠、中子の3つのパーツがあり、酢飯と寿司ネタを入れて成型し、底穴から押し出してのりで巻くだけ。

寿司型巻き寿司用細巻き 幅4×奥行20.8×高さ3.8cm ¥110／DAISO

汚れが目立ちにくい菜箸

色の薄い菜箸は、先端の着色や焦げつきが気になるもの。黒なら汚れが目立ちにくく、いつまでも気持ちよく使えます。先が四角くなっているため、麺類や豆類がつかみやすい利点も。

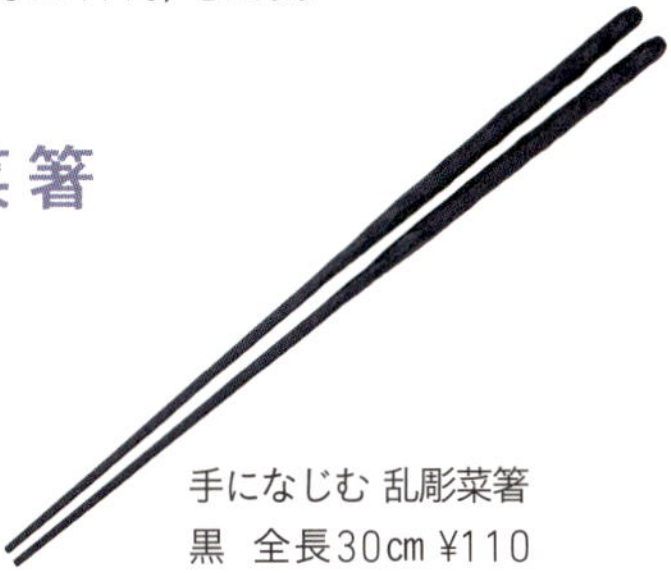

手になじむ 乱彫菜箸
黒　全長30cm ¥110
／DAISO

掃除用品

かぶせ式で衛生的。
生ごみスタンド

料理中は傍らに置いて、生ごみ入れとして使っています。4本の脚にポリ袋をかぶせるので、本体のメンテナンスが最小限。未使用時は平らに折り畳めて、シンクのじゃまになりません。

キッチンマルチスタンド（S）
使用時：縦11.5×横13.2×高さ18㎝ ¥110／DAISO

省スペースな
ロール状ポリ袋

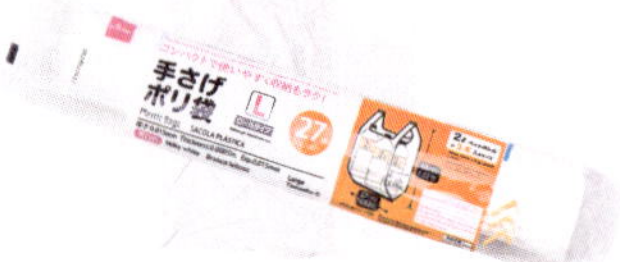

手さげポリ袋（ロールタイプ、40×48㎝、27枚）¥110／DAISO

持ち手つきのポリ袋が連続してつながって、くるくると巻いてあります。コンパクトなので、袋入りに比べると収納場所いらず。使用時は、ミシン目を手で切り離せばOK。

カーブにぴったり
シートスポンジ

メラミンスポンジ
（落ち落ちV、シートタイプ、25枚）縦6×横8×厚み0.4㎝
¥110／DAISO

こすって汚れを落とすメラミンスポンジは、昔から重宝しています。シートタイプは広い面やカーブに沿いやすく、洗面ボウルの掃除がラク。コップの茶渋取りなどにも便利です。

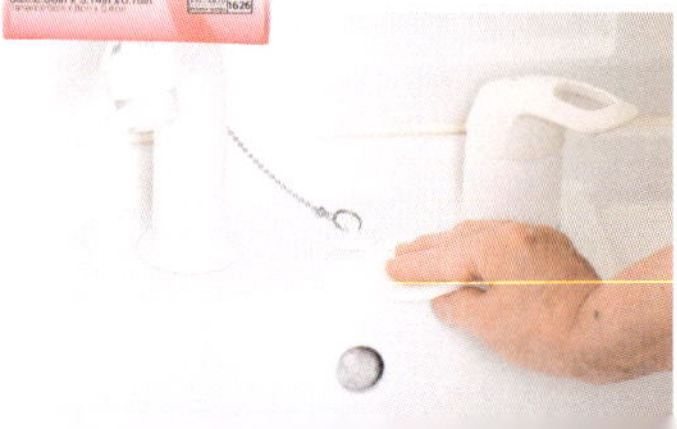

収納用品

ドアポケット用仕切り2P
フック幅3.2×高さ5.5×奥行
7.8cm ¥110/DAISO

小物が倒れない
ドアポケ仕切り

冷蔵庫のドアを開閉するたびにごちゃつく、調味料の小瓶やチューブ。ドアポケットに仕切りを固定し、転倒を防止しています。ほかに、チーズやハムを収納したかごでも使用。

くっつく缶ケース（シルバーカラー、マグネット付） 直径9×高さ3.5cm
¥110/DAISO

壁面収納が簡単な
マグネットケース

輪ゴムやクリップは、目につく場所に収納したいもの。この缶は中身が見えるうえ、マグネットがつく場所ならどこでもOK。家族のマイカップを収納したワゴンに張りつけています。

食器ストッカー ホワイト 約直径
14.9×奥行16.3×高さ15cm
¥110/Seria

食器を重ねて
しまえるストッカー

お椀や茶碗はストッカーに収納し、縦の空間を有効活用しています。重ねてもグラつかないので、出し入れもスムーズ。親戚が集まったときなど、人に頼みやすいのもうれしい。

36

きっかけは『金曜ロードショー』。夫婦で話す機会をつくる

夕食の後片づけをすませ、二階のリビングに上がるのが、ちょうど夜の9時頃。テレビをつけると『金曜ロードショー』（日本テレビ系列）が始まっています。夫もお風呂をすませて、の〜んびり。

ふたりでソファに座り、何気なく一日の出来事を話し始めたのが今でも続いています。40代の頃なので、あれから30年以上。当時は互いに仕事が忙しく、すれ違いが多かったため、夫婦で話をする貴重な時間でした。

その頃に比べると、ずいぶん話題が変わりました。昔は仕事や子どものことが多かったのですが、今は自分たちの健康やおばあちゃんのことがメイン。なかでも、おばあちゃんの調子が悪いときは、お互い気づいたことを報告するようにしています。

たとえば、食事の席で、知人の死を伝えたり、高齢者の病気や介護の話をしたりしたときに、おばあちゃんがふさぎ込んでしまったことがありました。自分ごとと捉えて深刻さが増し、口数も少なくなります。

その日の夜は反省し、「気分が沈むような話題は避けよう」と話しました。どちらかがうっかり触れたら、「孫や子どもたち、思い出話にパッと切り替えるのがいいね」と。ひとりで抱え込まず、夫婦で共有すると心強く、すっきりします。

ふだんから、夫婦で話す習慣があると、「今ちょっといい？」と声をかけやすくなります。何かあったときや大事なこともすぐに話せて、問題解決がスピーディー。肩の荷が軽くなります。

37

ずっと笑顔で
いたいから、
孫との時間は気楽に過ごす

孫が幼い頃のわが家は、ジャングルジムやキーボード、子ども向けの本をそろえて、さながら幼稚園のようでした。夫とふたり、おもちゃの手づくりにも精を出し、おむつの箱にスケボーをつけて車にしたり、コンパネとネットでままごとセットをつくったり。

そんな孫も小学校に上がると、遊びの好みが一変し、おもちゃは用なしに。ものづくりが好きな長女の娘には、折り紙やフェルト、刺繍糸などを買い置きし、道具もすぐ出せるようにしています。折り紙の腕は私以上で、鶴や亀、猫といった動物をすいすいつくります。その隣で、私はユーチューブを見ながら、お小遣い用のポチ袋の練習（笑）。気楽なものです。

料理にも興味があるようで、野菜を切ってもらったり、盛りつけを手伝ってもらったり。サラダやサンドイッチ、ピザ、たこ焼きなどを一緒につくります。ほかには、子ども向けの映画を録画しておき、一緒に見ることもあります。

泊まりのときは、孫との時間を優先したいので、家事は無理しません。毎日の買い物もパスし、事前に料理のリクエストを募って、日持ちする野菜や飲み物などを購入。短時間で用意できる冷凍食品や孫の好きなアイスクリームも買っておきます。掃除は簡単にすませ、洗濯はコインランドリーを利用することも。

孫が遊びにくると、うれしくって頑張りすぎたり、世話を焼きすぎたりして、あとでどっと疲れが出ることも。そうならないためには、早めの準備で気持ちにゆとりを。いつもより出力を下げて、笑顔で過ごすようにしています。

How-to ポチ袋のつくり方

【材料と道具】

折り紙

水彩タッチ和紙ちよがみ（パステル小紋柄、12枚）縦15×横15cm ¥110／DAISO

STEP｜1

縦半分に折る

折り紙は角を上にして置き、縦半分に折ります。その際、上になる折り紙を5mmほどずらし、白い裏面を見せます。

STEP｜2

反対側に倒して縦半分

右側に倒し、さらに縦半分に折ります。下の折り紙が左の折れ線から5mmほど出るようにします。

STEP｜3

先端を折り返す

三角形の先端が右の折れ線にぴったり合うよう折り返し、小さな三角形をつくります。

STEP｜4

上下を折る

真ん中にお金が収まる長方形をつくります。上下を折り、袋状の袖に上の袖を差し込めばでき上がり。

愛用品の問い合わせ先

— P27
相模屋食料 お客様相談室 Tel 0120-710-276

— P29
マルコメ お客様相談室 Tel 0120-85-5420
久原醤油 Tel 0120-527-217

— P31,33
エスビー食品 お客様相談センター Tel 0120-120-671
桃屋 https://www.momoya.co.jp/
極洋 お客様相談室 Tel 0120-048-894

— P43
DAISO https://www.daiso-sangyo.co.jp/

— P47
岩谷産業 お客様相談室 Tel 0570-200-665

— P69
DAISO https://www.daiso-sangyo.co.jp/

— P94
Can★Do https://www.cando-web.co.jp/

— P100
花王 相談窓口 tel 0120-165-693
レック https://www.lecinc.co.jp/contact/

— P104
DAISO https://www.daiso-sangyo.co.jp/

— P113
イケア・ジャパン カスタマーサポートセンター
Tel 050-4560-0494

— P120
DAISO https://www.daiso-sangyo.co.jp/

— P122
イケア・ジャパン カスタマーサポートセンター
Tel 050-4560-0494

— P126
ニトリ お客様相談室 Tel 0120-014-210

— P129
HAPPY JOINT https://www.rakuten.co.jp/kinokokinoko/

— P149
井田ラボラトリーズ CANMAKE Tel 0120-44-1184

— P153
エテュセ カスタマーセンター Tel 0120-074-316
牛乳石鹼共進社 https://www.cow-soap.co.jp/
コーセーコスメポート お客様相談室 Tel 0800-222-2202

— P154
DAISO https://www.daiso-sangyo.co.jp/
ロート製薬 Tel 0120-503-610
マンダム お客さま相談室 Tel 0120-37-3337
Watts https://www.watts-jp.com/

— P177
Can★Do https://www.cando-web.co.jp/

— P180
イケア・ジャパン カスタマーサポートセンター
Tel 050-4560-0494

— P181,182
DAISO https://www.daiso-sangyo.co.jp/

— P183
DAISO https://www.daiso-sangyo.co.jp/
Seria https://www.seria-group.com/

— P189
DAISO https://www.daiso-sangyo.co.jp/

STAFF

編集・文 ● 浅沼亨子
撮影 ● 林 ひろし、もののはずみ
(P105上、P122右上、P169中、下)
デザイン ● 狩野聡子 (tri)
取材協力 ● 敦子
校正 ● 東京出版サービスセンター
編集 ● 森 摩耶 (ワニブックス)

もののはずみ

1952年生まれ。24歳でお見合い結婚し、一男二女を授かる。29歳で義父母と同居を始め、子育てをしながら、揚げ物屋の仕事に従事。68歳でユーチューブ『もののはずみ』を開設し、料理や家事などシニアの暮らしの日常を配信している。チャレンジ精神が旺盛で、最近はボンゴの演奏に興味津々。90代の義母、70代の夫、40代の長男と暮らす。

https://www.youtube.com/@mono-no-hazumi

70代をとびきり楽しむ!

著者　もののはずみ

2024年12月8日　初版発行

発行者　髙橋明男
発行所　株式会社ワニブックス
〒150-8482
東京都渋谷区恵比寿4-4-9　えびす大黒ビル
ワニブックスHP　http://www.wani.co.jp/

お問い合わせはメールで受け付けております。
HPより「お問い合わせ」へお進みください。
※内容によりましてはお答えできない場合がございます。

印刷所　TOPPANクロレ株式会社
DTP　株式会社三協美術
製本所　ナショナル製本

※本書に掲載されている情報は2024年10月時点のものです。商品は情報が変更になる場合やお取り扱いしていない場合があります。
※商品の価格はすべて税込みです。
※本書の家事や収納方法を実践していただく際は、建物や製品の構造や性質、注意事項をお確かめのうえ、自己責任のもと行ってください。

ISBN 978-4-8470-7507-0